世界五千年
科技故事叢書
盧嘉錫題

《世界五千年科技故事丛书》
编审委员会

丛书顾问　钱临照　卢嘉锡　席泽宗　路甬祥
主　　编　管成学　赵骥民
副 主 编　何绍庚　汪广仁　许国良　刘保垣
编　　委　王渝生　卢家明　李彦君　李方正　杨效雷

世界五千年科技故事丛书

中国博物学的无冕之王
李时珍的故事

丛书主编　管成学　赵骥民

编著　盛维忠

吉林出版集团 | 吉林科学技术出版社

图书在版编目（CIP）数据

中国博物学的无冕之王：李时珍的故事 / 管成学，赵骥民主编. -- 长春：吉林科学技术出版社，2012.10（2022.1 重印）
ISBN 978-7-5384-6132-9

Ⅰ.①中… Ⅱ.①管… ②赵… Ⅲ.①李时珍（1518～1593）—生平事迹—通俗读物 Ⅳ.①K826.2-49

中国版本图书馆CIP数据核字（2012）第156280号

中国博物学的无冕之王：李时珍的故事

主　　编	管成学　赵骥民
出版人	宛　霞
选题策划	张瑛琳
责任编辑	张胜利
封面设计	新华智品
制　　版	长春美印图文设计有限公司
开　　本	640mm×960mm　1/16
字　　数	100千字
印　　张	7.5
版　　次	2012年10月第1版
印　　次	2022年1月第5次印刷
出　　版	吉林出版集团 吉林科学技术出版社
发　　行	吉林科学技术出版社
地　　址	长春市净月区福祉大路5788号
邮　　编	130118
发行部电话/传真	0431-81629529　81629530　81629531 　　　　　　　81629532　81629533　81629534
储运部电话	0431-86059116
编辑部电话	0431-81629518
网　　址	www.jlstp.net
印　　刷	北京一鑫印务有限责任公司
书　　号	ISBN 978-7-5384-6132-9
定　　价	33.00元

如有印装质量问题可寄出版社调换
版权所有　翻印必究　举报电话：0431-81629508

序　言

十一届全国人大副委员长、中国科学院前院长、两院院士

　　放眼21世纪，科学技术将以无法想象的速度迅猛发展，知识经济将全面崛起，国际竞争与合作将出现前所未有的激烈和广泛局面。在严峻的挑战面前，中华民族靠什么屹立于世界民族之林？靠人才，靠德、智、体、能、美全面发展的一代新人。今天的中小学生届时将要肩负起民族强盛的历史使命。为此，我们的知识界、出版界都应责无旁贷地多为他们提供丰富的精神养料。现在，一套大型的向广大青少年传播世界科学技术史知识的科普读物《世

序 言

界五千年科技故事丛书》出版面世了。

由中国科学院自然科学研究所、清华大学科技史暨古文献研究所、中国中医研究院医史文献研究所和温州师范学院、吉林省科普作家协会的同志们共同撰写的这套丛书，以世界五千年科学技术史为经，以各时代杰出的科技精英的科技创新活动作纬，勾画了世界科技发展的生动图景。作者着力于科学性与可读性相结合，思想性与趣味性相结合，历史性与时代性相结合，通过故事来讲述科学发现的真实历史条件和科学工作的艰苦性。本书中介绍了科学家们独立思考、敢于怀疑、勇于创新、百折不挠、求真务实的科学精神和他们在工作生活中宝贵的协作、友爱、宽容的人文精神。使青少年读者从科学家的故事中感受科学大师们的智慧、科学的思维方法和实验方法，受到有益的思想启迪。从有关人类重大科技活动的故事中，引起对人类社会发展重大问题的密切关注，全面地理解科学，树立正确的科学观，在知识经济时代理智地对待科学、对待社会、对待人生。阅读这套丛书是对课本的很好补充，是进行素质教育的理想读物。

读史使人明智。在历史的长河中，中华民族曾经创造了灿烂的科技文明，明代以前我国的科技一直处于世界领先地位，涌现出张衡、张仲景、祖冲之、僧一行、沈括、郭守敬、李时珍、徐光启、宋应星这样一批具有世界影响的科学家，而在近现代，中国具有世界级影响的科学家并不多，与我们这个有着13亿人口的泱泱大国并不相称，与世界先进科技水平相比较，在总体上我国的科技水平还存在着较大差距。当今世界各国都把科学技术视为推动社会发展的巨大动力，把培养科技创新人才当做提高创新能力的战略方针。我国也不失时机地确立了科技兴国战略，确立了全面实施素质教育，提高全民素质，培养适应21世纪需要的创新人才的战略决策。党的十六大又提出要形成全民学习、终身学习的学习型社会，形成比较完善的科技和文化创新体系。要全面建设小康社会，加快推进社会主义现代化建设，我们需要一代具有创新精神的人才，需要更多更伟大的科学家和工程技术人才。我真诚地希望这套丛书能激发青少年爱祖国、爱科学的热情，树立起献身科技事业的信念，努力拼搏，勇攀高峰，争当新世纪的优秀科技创新人才。

目 录

十四中秀才　举人却无缘/011
埋头苦读书　立志学医术/023
医名传四方　虚心求师教/032
雨湖收徒弟　妙手治顽疾/044
慧眼辨火硝　致力撰巨著/052
巨著定纲目　任职楚王府/061
辞别太医院　实践求真知/074
再采曼陀罗　开棺救产妇/084
林中见鲮鲤　巴豆治久泻/095
才学传后人　谬误得纠正/103
巨著留世上　光芒照人间/110

十四中秀才　举人却无缘

在湖北省的东部有一个蕲春县，它与长江相倚，北临群山脚下，风景秀丽，物产丰富。鱼蟹、稻麦、棉花、茶叶皆有。所产莲藕，肥大嫩白，中有九孔，称为九孔莲藕，色味俱佳，驰名中外。还有绿毛龟、蕲艾、蕲蛇、蕲竹等，都是有名的特产。真是物华天宝，江北的一个鱼米之乡。此处地域虽不大，倒也有几个名胜古迹。特别是蕲州镇的雨湖，苍山环抱，早春桃李竞相争芳，盛夏荷花红白相映，相去不远处，有一陵园，园门前有牌楼，上书"医中之圣"，"科学之光"。这就是我国明代伟大的博物学家李时珍的墓地。

李时珍，字东璧，自号濒湖山人。说起他，当地人都会从他的父亲说起，李时珍的父亲，名言闻，字子郁，号月池。明朝嘉靖年间（1522—1566）在这一带很有名望。他学识广博，精通医学，又忠厚仁义，乐于助人，邻里有难处或殴打吵闹，他慷慨解囊，周旋调停，把事办得极为妥善。诊病之际，遇上贫困人家，施汤医药，分文不取。所以乡里老幼无不称颂，连当时在朝为官的蕲州四大名门中的顾家两兄弟顾问、顾阙对李言闻也十分敬重。李言闻去世，顾阙悲恸痛哭，如失知交。

李言闻成婚二年，他的夫人生了一子，取名果珍。那时李言闻的高超医术已使不少病家慕名而来，言闻常常应接不暇，见果珍出世，心中暗喜，自忖道："这下李家的医术可有传人了！"于是决心带果珍随他行医治病，上山采药，只望自己的医道及医学知识能让果珍全部学会。谁知过了两年多，大约是明正德十三年（1518）李夫人又身怀六甲，眼看产期将近，李言闻也做好种种准备。某日一早，李夫人就叫腹痛，李言闻即找来接生婆，汤水盆勺都已料理定当，李言闻在室外厅中坐等，但李夫人只是叫唤腹痛，并无其他动静。时至晌午，李言闻久坐厅中，迷迷糊糊中，他看见一只白鹿衔着一枝灵芝轻盈地向屋中跑来，白鹿四周还有一圈圈的银光。只见白鹿将口中所衔灵芝往床头一撂，便"哇哇"地嘶叫着腾空而去。这"哇哇"的叫声，突地让李言闻一惊，就是这一惊，他醒了过来，原来是一梦。正在这时，接生婆也从房门伸出头来，道："向李老爷报喜，又添了一位公子"，李言闻急不可待，向房内跑去，抱起这"二公子"一瞧，见他生得面正口方，额头高起，想起刚在梦中所见白鹿和灵芝，顿觉这是吉祥之兆。老人都说"生不逢时"，而此儿却在白鹿进屋之时所生，定逢吉时无疑，于是对夫人说："此儿取名为'时珍'如何？"夫人问道："长子取名'果珍'，与'正果'音谐，此儿取名'时珍'，这'时'字又何讲？"李言闻遂将刚在梦中所见说来，夫人听了也觉高兴，便点头应允。不想此话被在旁的接生婆听到，便在外传布，以至流传到现今。顾景星所写的《李时珍传》中也有"时珍生，白鹿入室，柴芝产症"的字句。想来这虽是传说，大概也有几分是真的。

再说，李言闻一生仕途失意，一直到1549年（明嘉靖二十八年）五十多岁时才被选为贡生，送入京师，当个太医院的吏目，这只是一个文书之类的下级医官。此时见到时珍出世，心中不免感叹，想："世有'不为良相而为良医'之说，现今我已业医，果珍儿也将入医门，这小儿当另加培养，以图来日谋个官职。"当时的封建社会有种科举制度，就是通过科举考试，成绩优秀，中进士的便可得官。于是时珍从五六岁时开始，就没有离开《大学》、《中庸》、《论语》、《孟子》、《诗》、《书》、《易》、《礼》、《春秋》等四书五经。但时珍毕竟是个孩童，看见父亲为病人诊病时用三个手指按脉，还对病人的舌头瞧个不够，甚觉好奇。有时不觉在旁瞧瞧热闹，或问这问那，但父亲却说："你还是进里屋去读书吧。"时珍也无奈，只得服从。说来时珍确实聪明，不但记忆力强，而且善于思维，所以几年的攻读也颇有收益。

转眼间到了明嘉靖十年（1513），府、州、县又要进行考试，李言闻有心让这小儿子去试试，亲自陪他到黄州府（今湖北黄冈）应试。李时珍这时才十四岁，进了考场倒也不慌不忙，对着试题，思路颇为清晰，考毕退场，若无事一般。李言闻在外等着，早已按捺不住，见儿子从考场出来，忙迎上前去，又问试题，又问对答情况，时珍一一回答，言闻听后连连点头，待回到家中，心头的欢喜也流露出来，在夫人面前连连夸奖："这儿考得不错，考得不错！"到张榜那天，早已有人打听到消息，知道李时珍中了秀才。这一消息一传开，乡邻们也觉得高兴，很快组成了报喜队，一路上敲着锣鼓，放着鞭炮到李家来报喜。"十四岁中秀才，真是神童呀！"乡亲们异口同声地夸赞李时珍。李时珍自然高兴。李时珍的父亲李言闻更为高兴，一边招待众位乡亲，一边不断地勉励时珍："还得好好读书，还要考举人哪。"他希望李时珍能为官作宦，显耀门庭。

其实，做官不做官对一个十四岁的孩子来说，并不在意。为什么要做官？做官有什么好处？这也只不过听他父亲说过。李时珍自己还是对医学有兴趣。父亲诊病时不让他在一旁，他就躲在门后偷偷地瞧，家中的医书自然不少，他得机会也读上几本。有时李言闻带着果珍上山采药，他也吵着闹着要跟着去，不过，在当时的封建社会里，父亲是一家之长，大小事情都得由他说了算。父亲让李时珍读《四书》、《五经》，李时珍不得不读。让李时珍去参加科举考试，他更不敢违拗。而明朝的科举考试可不像现在，有数学、语文、物理、化学等，只是单一的做文章。这种文章很死板，规定一定的体例，由破题、承题、起讲、入手、起股、中股、后股、束股八部分组成。

"破题"用两句说破题目的主要意义。"承题"是承接破题的意义作进一步说明。"起讲"是议论的开始。"入手"是起讲后的入手之处。下自"起股"至"束股"才是正式议论。在这四股中,都要有两股排比对偶的文字,合起来共为八股,所以叫做"八股文"。题目主要摘自《四书》,论述的内容也要根据《四书集注》等书,不许作者自由发挥。这种枯燥的文字游戏李时珍根本不感兴趣。在十七岁那年乡试时,他胡乱地做了一通文章。考毕归来,他的父亲还是像三年前李时珍考秀才那样,很有兴趣地问这问那。李言闻虽然业医,但他出身于儒士之家,对《四书》、《五经》以及八股文一类也都知道。并且在他心目中李时珍生来就是个神童,对他寄予的希望极大。而李时珍自知此次考得不好,只推说感到劳累,身体不适,不去理会父亲的问话。到张榜那天,榜上未有李时珍的名字。

李言闻得到消息后,心中自然不快。李时珍倒并不十分在意,有时看看医书,有时摆弄摆弄采来的药草，李言闻看在眼里，急在心里。有一天瞅个空儿，把时珍叫到面前，对时珍说："时珍呀，我家就你和果珍两儿子，你自幼比果珍聪明，我想这举人你是考得上的。"李时珍却嘀咕说："这八股文实在没味道，倘若能让我自由地论说，我有不少东西要说呢，可是作这种文章却偏偏不让你说！"李言闻听后反倒笑了起来："哎，天下事怎能让你们这些小孩儿乱说！这八股文嘛，就是这样。"其实李言闻自己也尝过这八股文的味道，只是在小辈面前不能流露而已。李时珍这时倒想乘机对父亲说让自己学医吧。但是话没出口，李言闻说了："今后你别再摆弄那些药草，《四书集注》还得多看看。"时珍听罢，也不敢再开口，只得低着头。

光阴荏苒，转眼间三年过去了。在这三年中李时珍除了读那些教条的文章外，还读了不少医书，对于医学中的道理、诊病用药的方法也知晓了几分。这时的李时珍也是二十岁的小伙子了。但由于缺少户外活动，父母又溺爱，所以身体并不强壮。眼看三年一次的乡试为期已近，李时珍总感身体虚弱，常常咳嗽。父亲李言闻却顾不得这些，只是让李时珍加紧读书。他是恨不得把这些书本全往李时珍的肚里塞。李时珍为让父亲喜欢，经常读书读到深更半夜。谁知这本来虚弱的身体，经这一熬，更是不济。而李时珍参加乡试得赶赴武昌。那时没有汽车、火车，也没有轮船、飞机，路途跋涉的劳累自不必细说。挨到考试那天，李时珍怎么也打不起精神来，文章的思路又常常被自己的咳嗽所扰乱，这考试是有时间限制的，时间一到，这考官一阵吆喝，谁都得放下笔。这次李时珍因为身体不适，动作较慢，到最后"束股"时只能匆匆了结。

考毕，他也不想在武昌久留，随即启程回家，路上又是一路颠簸，到家之后，自觉体力不支，咳嗽加剧。碰巧，这几天父亲被人请到邻乡出诊去了，李时珍凭这几年在书本上学到的医学知识，自己在家中的藏药处抓了些柴胡、麦冬之类的药服了。这病却并不见好，反觉得内里发热，至黄昏时这发热更甚。母亲让他卧床休息，亲自替他熬粥、熬药。她也知道自己的丈夫，一至邻乡，准有不少病人找他诊病。所以她且不去惊扰言闻，想时珍这病恐是赴考劳累所得，只要好好休息两天，自然会好起来。可是事与愿违，李时珍的病情一天天地加重。全身发高烧，整天咳嗽个不停，还大口大口地吐痰。在夜半也是咳嗽吐痰的，无法安睡，一昼夜吐出的痰有一碗多。李时珍又加用了半夏、竹沥、茯苓等化痰祛痰的药物，仍无效果。看着小儿子这般模样，李夫人可急了，忙托人往邻乡给李言闻捎信，要他赶快回来。李言闻由于医术高超，名声很大，一出家门，请他诊病的人可多了。他东转西转地，捎信的人根本找不到他。这时李时珍已病了将近半月，病情总不见好转。

又拖了旬日，李言闻才回到家中，见时珍病得不轻，心中不免着慌。但他毕竟见多识广，经验丰富。察色按脉，心中揣度，又知时珍已用过柴胡、麦冬、竹沥等药物，便只用一味黄芩熬了让时珍服用。说来也奇怪，就这一种药，时珍服了三天后，病情就有好转，高烧逐渐退去，吐出的痰也不再那么多了。李言闻夫妇俩心头的石块落下了。再用黄芩服用了几日，居然不再发烧，咳嗽大减，脉象转为和缓。李言闻于是对李时珍说："用药如用兵，不在于多，而在于精。"这对李时珍很有启发。李时珍也感到医学中有许多深奥的道理，而自己在这方面的知识还远远地不够，这场大病前后足足有一个多月，要不是李言闻有着高明的医术，恐怕李时珍的性命就没了。

　　再说这次乡试，李时珍还是没有考中。李时珍知道后心中非常矛盾。想想自己十四岁就中了秀才，这六年来书也没少读，却与这举人无缘。下次再考不考呢？有时望着父亲慈祥的面容，记起他对自己所寄予的希望，倒还想尝试尝试。而有时对着这味如嚼蜡的书本或看到病家那痛苦、急切的神貌，又想弃儒从医。父亲李言闻呢，每当想起时珍的那场大病，还总是心有余悸。又想起自己这一辈子也曾经参加过几次科举考试，又都落选。思前顾后，不免感叹万分。看着时珍那虚弱的样子，只是叮嘱他好好养着身体，不再提那科举考试的事。但乡亲们对李家很崇敬，自从李时珍得病后，总有乡亲前来探望。有一次乡亲告诉李言闻："听省城里回来的人说，那城里有人花了银两买个举人呢。"并让李言闻也走走这门道。李言闻听罢，非常气愤，竖起双眉："这不是坑害读书人吗！""这银两我绝不花！"稍过片刻，他缓了口气，对那乡亲说："时珍儿也不小了，我看这孩子老丢不下医书，还老捉摸那些药材……唉！再考一次吧，考不中就让他好好地学医！"这话后来被李时珍知道了，他觉得也是个道理。于是既看医书，又读儒家文章。

这一年，在父亲的安排下，李时珍娶了吴氏女为妻。吴氏女虽非富豪人家出身，但也读过书，且贤惠善良，很难体贴丈夫。一家人和睦相处。

明嘉靖十九年（1540），李时珍第三次赴武昌参加乡试，结果仍然没有中榜。这时，他是二十三岁。

埋头苦读书　　立志学医术

　　第三次乡试不中，似乎也在意料之中。不过李时珍生性好强，心里总觉得不是滋味，显得闷闷不乐。李夫人见他这几日茶饭少进，便有些焦急，让丈夫去宽慰宽慰时珍。李言闻起身来到书房，见时珍正在读《脉诀》。他笑吟吟地拍着时珍的肩膀问："还考不考举人哪？"时珍忙说："不考了，不考了！"李言闻又假装生气地问："怎么不考了？""我考过五次，你不是只考了三次吗？"李时珍见父亲生气，吓得跪了下来，低声央求道："爹，我真的不考了，我不想再做这种误人的文章了，让我随你老人家学医吧！"李言闻听罢，哈哈大笑了起来："我早知道你的心思了！起来吧！"边说边转身从书柜里拿出一大摞医书，撂在桌上，对李时珍说："这些书你慢慢读吧，有不明白的地方可以问我。"时珍喜出望外，连连点头。

待父亲走出书房，他迫不及待地去翻阅这堆书籍。里边有些书，像《素问》、《灵枢》、《伤寒论》、《金匮要略方论》等他早已读过了，当然也有他没读过的。现在对他来说，不管是读过的还是没有读过的，都想好好地再读一遍。当天晚上，吃饭的时候，他吃得格外地香。李夫人在一旁看了，瞧着丈夫微笑。她也知道李时珍一直想弃儒学医，这下准是丈夫答应了他。

李时珍一抛开八股文，可来劲了，他如饥似渴地读着这些医书，不到两个月，竟把这几十本书全都从头至尾地读了一遍。李言闻知道后，暗自想："这孩子的心全在医学上啦，他会成为一个好医家的。"不过他还是对李时珍说："当个医生容易，但是要当个好医生可不容易。庸医杀人不用刀，你可得记住呀！"又说："曾经有人说过这样一句话：读医书三年觉天下无病不可医，待治病三年方知天下无方可用。这对你们年轻人来说，意味深长呀！"这句话的意思是，有些人只读了三年医书，就觉得自己什么都会了，什么病都能治了，但当真正治病的时候，才知道自己什么都不会，连张像样的方子也开不出来。这番话，李时珍听了很是感动，心中自语："这真是金玉良言。"便对父亲说："你老人家放心，为儿的一定要做个好医生。"父亲对这一点已深信不疑，但为了教导孩子，他又严厉地说："做个好医生不是光读几本医书就行了。医学的道理极深，上及天文，下及地理，旁及风土人情，你还得多多读书。"时珍唯唯应允。

却说李时珍的祖父，也是个读书人，故而父亲李言闻早年就能博读经史，只因他仕途失意而以医为业。这样的人家，家中自有众多藏书。只是这二十三年，李时珍苦于科举考试，所读之书难免局限。那些医书也是出于他所好而读上几本。现今他可摆脱了《四书》、《五经》，而且从医书中悟出了不少道理，正像父亲李言闻所说，医学涉及阴阳五行、五运六气、日月星辰等等。于是他广泛阅读各种书籍，包括天文历法、历史传记、程朱理学、文字声韵、农圃、占卜等。只要他身边有的，他都拿来读。这些书不读则已，一读却着了迷。他经常逐字逐句地推敲其中的含义，还作了不少摘录、心得。

1543年（明嘉靖二十二年），李时珍二十六岁，吴氏夫人生下了第一个儿子，取名建中。这建中也是自幼聪颖，后来考中举人，出任四川蓬溪县知县，又升为云南永昌府通判。

李时珍虽然添了个儿子，但吴氏勤快、能干，把孩子照料得很好，不让时珍分心，让他好好读书。

李时珍这样埋头苦读，一晃竟过了七八年，李言闻这才让他跟随自己学医。时珍一入医门，他的聪明才智便显了出来。加之读了这几年书，受益匪浅。所以在学医时，只要父亲一指点，他马上就能领会。没隔多久，在诊病时对于病人面色的青赤黑紫、脉象的浮沉迟数或者长短紧弦、舌苔的黄白厚薄都能辨得清清楚楚。父亲见他掌握医道如此神速，心中也不得不称赞。

有人不禁会问：时珍这般聪明，怎么连个举人也考不上呢？这里面自有道理：其一，李时珍对那八股文丝毫不感兴趣，自然不会在这上面多动脑筋。其二，一个人天资聪明也不是样样都能争到第一的。记得三四十年前，上海出了个胡荣华，他十六岁时参加全国象棋比赛，一路搏杀，把棋坛闻名的老将一个个斩下马来，一举夺得冠军。当时全国轰动，都称他为神童。确实，他一下象棋，这"神"就显了出来，居然十年保持不败，连拿五届冠军。但是这位神童下起围棋来就不怎么样了，什么名次也没拿过。

李时珍也是这样，在科举考试中发挥不出他的才智。其三，明朝的科举考试不免有些黑幕。那种八股文章说好就好，说差就差，全凭考官臆断。那些"聪明人"让考官得些好处，这文章也好了起来。别说举人了，就连官位也可以买得到。李言闻为人正直，不愿走这邪门歪道，自然得不到照顾了。所以，李时珍没考中举人也不足为奇。而他父亲却说，这是天意。他说这孩子出生时自己曾做梦见到白鹿衔着灵芝进到屋来，原来这"鹿"是功名利禄的"禄"呀，指明这孩子在功名利禄上是白忙一场。这灵芝却是治病救人的仙草，所以命中注定他要走治病救人的这条路。这当然是李言闻自圆其说。

李言闻教时珍学医，倒也有一套办法。病人来了后，让病人把两个手都放在脉枕上，他诊左手脉搏时让李时珍诊右手，他诊右手脉搏时让李时珍诊左手。再让李时珍仔细看舌象，仔细听病人讲述病情，然后打发李时珍进里屋去试着开药方，等着他自己开完药方后，趁空暇便把那药方拿来比较，一一发问，一一讲解。这使李时珍进步很快。

有一次来了个年轻病人，李言闻像往日一样地让李时珍诊脉察舌，听病人诉说病情。待自己开完药方后，便把时珍叫来，拿起时珍开的药方一看，上面只写着二味药：葱白十四茎，豆豉半斤。李言闻一看就明白了，心中暗暗叫好。但他还是发问了："怎么就这二味药？"时珍不慌不忙地回答："这病家身体强壮，脉洪，舌苔薄白，诉说头痛发热，只是受了风寒而已。这葱白和豆豉两味药合用，名曰葱豉汤，孩儿在《肘后备急方》中见过，想所治症候颇合，故用此汤。"又说："孩儿数年前的那场大病，父亲不是只用一味黄芩就将孩儿的性命救了过来吗？我想这葱白、豆豉，药虽简单，但治这病人的病症是再精当不过了。""用药如用兵，不在于多，而在于精嘛！"李言闻听他这么一说，笑得合不拢嘴来，用手捋着胡须，把头点个不停。李时珍见父亲只是一个劲地笑，却不言语，急得忙问："这对不对呀！"李言闻答道："对！对！为父用的也是这葱豉汤。"只过了一天，这病人便来道谢："谢您老了，不想您老开这么简单的药还真灵验，瞧！这不是没事了吗。"时珍在旁听了也觉高兴。

后来李时珍治病常常用单方。一次替一个五十多岁的老汉诊病，这个老汉腹泻已经有半年多了。刚发病时，一天只是泻二三次，这老汉也不在意。谁知这病老不见好，过了两三个月后，腹泻次数增多，一天要拉上四五次，吃了些药一点儿效果也没有，人也一天天消瘦下去。这十来天又叫唤肚子痛，躺在床上已不能下地，病势垂危，儿孙们估计这老汉活不了几天了，便备好棺木，只等料理后事。但老汉的老伴却抱着最后一线希望前来请李时珍救治，李时珍诊了病，沉思片刻，只开了延胡索一味药，嘱咐研成粉末，用米汤送服三钱。药服下后，不到半个时辰，老汉腹痛就减轻，再过一会儿，不再叫唤，居然安然入睡。第二天，他家中人又来请李时珍，李时珍说："只要肚子不痛了就无妨，只需调理半月即可。"后果然如他所言，老汉得以痊愈。

又有一次，一家人请他诊病，他一进这家门内，只见一个男子双手抱着肚子在床上翻腾，口中不断地叫唤:"哎唷、哎唷……胀死我了,胀死我了!"一会儿又叫:"痛死我了,痛死我了……我不想活了……"李时珍刚走到床边,这男子又叫嚷要解小便。家中人忙把尿盆拿来接着。李时珍见他解出的小便又浑又红,心中已明白了几分。待诊过脉,便开了血余炭二钱,并让病人家中人买上两段鲜藕,说道:"切上几片鲜藕,捣碎后绞出汁来,每次用血余炭二钱,用这藕汁调和后服下,每天服三次。"待李时珍走后,这病家将信将疑,但见病人痛苦的样子,也只有试一试了。结果第三天小便就变得清澈,肚子胀痛也随之消失,这些都是李时珍单独行医时候的事儿。

医名传四方　　虚心求师教

　　大约到了明嘉靖二十八年（1549）的夏季，四川、湖南、湖北相继下起了瓢泼大雨，连日不停。长江水位骤升，倒灌入蕲河，大片田地被淹没，房屋被冲塌，许多人流离失所，饥困交迫。大水退后，又逢气候炎热，天空的热气，地上的湿气，湿热交蒸，传染病很快流行，来势凶猛，得病而死去的人不计其数。李时珍见到此种情景，真是悲天悯人。心想："自己学医是为治病救人，现今有这么多人得病，我岂能袖手旁观。"于是与父亲商议，要过父亲的药箱，走出家门救治病人。

在这之前，李时珍只是在父亲身旁相随，李言闻虽然知道他的医术不差，但总是不放心，不让他单独为病人诊治。现在李时珍是单独行医，诊治疾病特别仔细，丝毫不敢大意。由于他根底扎实，又经过医术高明的李言闻指点，许多病人经他治疗后很快痊愈。众乡亲无不佩服。于是一传十、十传百，方圆近百里都知道李家又出了一个高明的医生。

李时珍虽然有了名气，但他一点儿也不骄傲，他知道自己行医时间还不长，还缺乏实践经验，所以只要有机会，他都会虚心求教。

转眼间，已过了立秋。这周围的传染病稍有减少，但病人仍很多，李时珍仍每天背着药箱外出治病，李言闻也经常被人请去出诊。这一天，天刚蒙蒙亮，便有人来敲门，说家中人病了。李时珍准备前去，但被父亲留住了："还是我去吧。你去瞧瞧昨天你诊治的几个病家，看是否好些了。"李时珍想：

"这倒也是。"待父亲出门，时珍进到里屋来，妻子吴氏便低声告诉他："婆婆这两天老说胃中不舒服，因见你和公公整天在外，已够累的了，所以也不在你们面前提起。待会儿你替她开些药，我伺候她服下便是了。"时珍整理停当，来到母亲房中，请过安后，便道："母亲有何不适？让孩儿替你诊治诊治。"李夫人伸过手来，边让时珍切脉，边说："就总胃中作泛，似饥不饥，似痛不痛。"时珍又瞧了舌头，对站在身旁的妻子说："母亲这病无甚要紧，脉象舌苔都无多大变化，你随我来拿些药，让母亲用米汤服下。"吴氏夫人便随时珍出来，接过时珍递来的几颗药丸。照时珍的嘱咐让婆婆服了。时珍亦背起药箱外出治病去了。

不想，才过了一个时辰，李夫人说肚子作痛，又接呕吐了几次。这可让吴氏夫人犯急了，心中直埋怨："这时珍怎么搞的，只治得好别人的病，治不好自己母亲的病。"她只好替婆婆揉肚子，送些热汤给她喝，并无别的办法。

这时，忽听见门外有"滴铃铃"的铃声，这是走方郎中诊病卖药的信号。所谓"走方郎中"，就是走村串户，到处游走的医生，他们总是边走边摇着铃，所以也有叫他们为"铃医"的，近世则称之为"江湖医生"。这些医生中，有的无多大本事，只是混口饭吃吃。有的倒也有些真才实学。此刻时珍的妻子情急，也不管这郎中有没有本事，且请进来给婆婆诊病，自然也不告诉他已服过药了。这郎中诊过病后，拿出些药丸，分别包作两包，说："光服这包小的，服了之后呕吐、腹痛立刻可以止住。午后再服这包大的，三更时分腹泻一次，病根可除。"并说自己住在江边小客店里，如呕吐腹痛不止，可以去找他。

说来这郎中也确有本事，李夫人把这药服下去后，果真如他所说的那样，呕吐腹痛都止住了，午后睡了一觉醒来，便如常人一般。时珍妻子见这药灵验，就将那包大的药丸让婆婆服了。傍晚时分，时珍归来，先问母亲情况，母亲说："没事了，"时珍颇有些得意，他还以为是自己治好的呢！吴氏夫人见他这得意的样子,半哂半嗔地说:"这病可不是你治好的!"时珍连忙追问,她一五一十地讲出了真情。

这一夜,时珍可没睡好。他在捉摸母亲的病情:"为什么我这药服了后会呕吐、腹痛呢?这位先生用的是什么药呢?"三更时分,隐隐约约地听见母亲房内有动静,想必是起来解手了,他忙把妻子推醒,仔细问了这位郎中的穿戴和相貌,天刚发亮,就匆匆地来到江边的小客店找这位郎中。店主人告诉他,这位郎中刚走,是搭船往江南去的。李时珍道谢后,急忙向江边跑去。到江边一看,见那条蕲州过江的渡船已驶到江心,他忙挥手雇了一条小船,向那渡船追去。

且说这位郎中为何突然走了呢?原来吴氏夫人为人大方,从他那里得到药丸后,多给了些银子与他,他自然高兴。回到客店后便向店主人打听这家人家。店主人告诉他:"这是蕲州一带的名医李言闻、李时珍的家。"他一听顿时吃了一惊,心想:我这不是班门弄斧吗?旁人不知真情,以为我骗取他家的银子了。三十六计，还是走为上计。所以第二天一大早就离开蕲州，往江南去了。

　　由于小船轻快，待渡船刚到对岸时，小船也赶到了。李时珍跳下船，望着那渡船上下来的人一个个地端详。凭他印象中穿戴和相貌，认出了这位郎中，便上前施礼，报了自己的名字。这郎中一听是李时珍，吓了一跳，以为是自己下错了药，老夫人出问题了。待李时珍说明是特地前来求教的，才放下心来。两人便在岸边的茶馆里找个地方坐下，互相谦让了一番，这位郎中方说："老夫人的病是腹中有虫。"

　　"腹中有虫？何以见得？"时珍问。

　　"是腹中有虫。"诊此病有五难："大人比小孩难、饮食正常者难、面色不黄者难、虫子不多者难、肚子不痛者难。"接着又微笑着："这五难全让李兄遇上了。"李时珍也笑着答道："先生真是经验之谈呀！"

　　回到家中，吴氏夫人告诉他，婆婆三更腹泻时排出了两条虫子。时珍仔细地把这一切记录了下来。

过了两天，有一位四川客商找他看病。说这半月多来咳嗽、胸痛，有时痰中夹有血丝。李时珍诊过脉后，开了一张处方："您先按这处方抓三剂药服了，服完后还得来瞧瞧。"第四天，这客商如约而至。李时珍一见他就觉得不好，暗中思忖："上回来时我就感到这病难治，果不出所料！三天不见，这脸色竟变得如此憔悴！"待把脉时，只觉得这脉虚软无力，毫无神气。李时珍面露难色，这客商似有觉察，对李时珍说："想这病大概治不好了吧？先生可以直语。"李时珍默默地点了点头，然后开了一张处方，递给那客商："您还是立即动身回家吧！路途中按这处方服药，尚可到得了家。"这客商谢过后便走了。

日复一日，秋去冬来，冬去春来。半年后时珍上山采药，在路上遇见一人，觉得面熟，猛然想起，这不是半年前来过这里的那位客商吗？这客商也认出了他。李时珍见他容光焕发，全然是无病的样子，惊奇地问："先生这病是如何得好的？"这位客商告诉他，上回找李时珍看了病后，第二天就动身回家，一路上病情日渐加重，全靠服用李时珍开的药，才慢慢拖到夷陵州（现今的宜昌）。到夷陵州时，已近傍晚，刚进入一客店，有一年老的樵夫替客店送柴来。这老樵夫见我咳嗽咳个不停，又咯出不少痰血，他便不让我走，说他能治这病，那时我已浑身无力，觉得住下也好，便没再走。这老樵夫每天送柴来时，捎上一大把草药，让店中人煎了让我服下。服了数日，这病真见好。这一住就是一个月，我也整整服了一个月的药，不想这病全好了，身体也强壮了。

李时珍又问，这药是什么样子。客商答道："我没细瞧，也没问，只是喝那熬好的药汁。"李时珍无奈，只能把那客店的牌号、位置及老樵夫的情况仔细问清楚了。回到家里，把这一切与夫人说了，就打点行装，第二天起了个早，直奔那夷陵州。

好在李时珍打听得明白，到了夷陵州很快就找到了那客店。他也顾不得这几天路途上的辛苦，只在店堂里等着。傍晚时分，这老樵夫又送柴来了。李时珍看得真切，忙上前施礼，说明来意。那樵夫哪里就肯把这秘方说出来？并不答理李时珍，把砍柴的用具收拾好后，径自走了。李时珍急得没法，只能向店主人打听这老樵夫的住处，想到他家中去求教。这店主人却说："谁也不知道他住哪儿，他送柴来，我给了钱，不就完了？他不来，也没人想去找他。"时珍心想，这倒也是，且住下来再说，待明后天他送柴来时，再好好求他吧。

第二天，还是傍晚时分，老樵夫送柴来了。李时珍早在店门处迎候，但老樵夫如昨日一样，连瞧也不瞧李时珍一眼，把柴送进去后，扁担、绳索往肩上一撂就走了。李时珍这时情急生智，心想："何不随他前去，也可知道他的住处。"便跟随在后。走了有十来里路，前面是一片农田，田野尽头，有几户人家，见那樵夫往那人家处走去，心中便有了底。

第三天，李时珍便往那人家处去打听。这儿人家不多，一问便有人把这老樵夫的住处告诉了他。而这儿的几家人家都知道这樵夫懂得些草药，能替人治病。时珍来到这樵夫的住处，樵夫早上山打柴去了。

但见这屋前晾晒着些草药。李时珍仔细地照瞧了一遍，有的他认识，有的他不认识。心中却有几分高兴："我真找到个好老师了！"他便把这些草药好好整理一番，并把这屋前屋后打扫了一遍。

那老樵夫回到家时，见李时珍站在那儿，先是吃了一惊，接着他发现这儿有人打扫过了，便问李时珍："是你打扫的吗？"时珍很有礼貌地作了回答。老樵夫这才把李时珍从上到下地打量了一番，但还是对李时珍说："我不会治病，只是父亲教我认识了些草，我也没有什么可教你的，你还是走吧。"说罢，进了家门，随李时珍在门外待着。

李时珍当然不死心，每天来到他家门前等候，并替他打扫屋子周围的场地。到了第五天，李时珍像往日一样，来到老樵夫家门前打扫场地。眼看天色黑了下来，突然狂风大作，大雨倾盆而下。李时珍想，这时刻那樵夫一定是在回家的路上，这周围一片田野，他上哪儿避雨呀？想到这里，李时珍向这樵夫的乡邻借了雨具，往这道上去接他。走出不多远，见那樵夫在雨中深一脚浅一脚地走着，李时珍忙赶上前去，送上雨具，老樵夫深为感动。待李时珍把他送到家门，他一把抓住了李时珍的手，把李时珍让进了屋里。他看着李时珍谦虚真诚的样子，便把治那客商病症的药方告诉了他，并答应明日带李时珍上山采药去。时珍这下可乐了，连声道谢。待天放晴后，与老樵夫告辞，回到了客店中。

到了明日，天还没亮，李时珍就起来了，准备好笔墨纸砚，还带上吃的，往老樵夫家来了。到老樵夫家时，天还刚亮，在门前等了有半个时辰，这老樵夫才开门出来。见时珍早在门前等候，笑哈哈地说："一大早，露水还未干呢，你自己可别得病呀！"李时珍心里一股暖流涌来，感到面前这老樵夫是多么淳朴，多么善良。

待太阳露头时，老樵夫才带着李时珍上山。这山又高又大，草木繁茂，药材真不少，两人边走边挖。每挖一种药材，老樵夫都会把药名、特点、治什么病、怎么用法等说得一清二楚。到得半山腰时，他俩已采了不少草药。老樵夫让李时珍在一棵大树底下歇着,自己进到林子里边去砍柴了。

李时珍在大树底下,把这些草药倒在地上,取出笔墨纸砚,把老樵夫刚才说的一一记在纸上。有的他以前没有见过的,还画下了图形。有的老樵夫说得跟书本上不一样,他记录得更加详细。

就这样,李时珍天天随老樵夫上山,居然在夷陵州待了半个多月,这半个多月里他学到了许多书本上没有的知识,他也体会到这些劳动人民在实践中掌握了许多经验,所以李时珍以后上山采药时经常会向打柴的樵夫或种田的农民请教,为编写《本草纲目》打下了基础。

雨湖收徒弟　　妙手治顽疾

在夷陵州半个月的时间里，李时珍学到了许多东西，非常高兴，在回家的路上心情特别好，欣赏着周围秀丽的河山。傍晚一缕晚霞挂在天际，映着滚滚东流的长江水，他想起了唐代文学家王勃所作的《滕王阁序》，那诗句令人回味，而"落霞与孤鹜齐飞，秋水共长天一色。"正是眼前这景色呀，想起王勃，李时珍不禁想起了自己，想想自己已过而立之年，应当有所作为。想到这里，他突然心中一动："祖国土地如此辽阔，药物分布一定很广！""那老樵夫教会我的药物中，有些药名怎么没听见过？""那记载药物的本草书中，怎么有些药的形状和作用与那老樵夫说的不一样？""如果用错了药怎么办？"……一连串的问号在李时珍的头脑中产生，随着这问号的产生，重新修订本草书的念头也隐隐地升起。

经过几天的跋涉，李时珍回到了蕲州。一踏上家乡的土地，倒想家了。这时的李时珍已有三个儿子，除前面说过的建中之外，又有次子李建元、三子李建方。建方还不足一岁，故而时珍挂念，快步往家中走去。当他路过雨湖时，忽然听到湖边传来哭泣之声。李时珍与他父亲一样，是个热心人，便上前探个究竟。只见一位五十开外的老妇，头发蓬乱，衣着褴褛，跪在一只破旧的小渔船上，那船头上躺着一个小孩，老妇人边呜咽，边用手推着那孩子："庞儿，你快醒醒！快醒醒！"时珍上去一看，见那孩子不过十三四岁模样，身体瘦弱，面色苍白。一诊脉，六脉还算调匀，只是虚软。时珍告诉老妇，这孩子可救，只是营养太差，身体极度虚弱所引起的昏厥症。时珍就蹲在孩子身旁，用指甲掐孩子上唇处的人中，两手虎口处的合谷及手臂上的内关等穴位。不一会儿，孩子苏醒了过来。老妇才转悲为喜，对李时珍感激不尽，告诉他说："去年那场灾荒，害得我们好苦哇。孩子爹娘先后得病死去，剩下这孙儿和我二人，靠这条破船打渔为生。我俩一老一少的一天贪早摸黑也打不了多少，鱼价又便宜，还要偿还儿子欠下的债，这孩子有一顿没一顿的，老是空着肚子。今早正在打鱼，这孩子忽然喊头晕，就栽倒在船头了。"话还没说完，眼中的泪珠就直往下流。李时珍忙安慰道："这孩子没有什么病，只是身体太虚弱了，吃些滋补药就会好的。"老妇一听，更是伤心，叹口气道："唉！连饭也吃不上，哪有钱买补药吃呀。"

　　这时，忽然有一阵"扑啦扑啦"的声音，李时珍循声望去，原来是挂在船边上鱼篓里的几条鲫鱼在蹦跳。李时珍见了，喜出望外，对老妇说："这不是现成的补药吗？""你每天让这孩子吃上这鲫鱼汤就行了。"老妇人苦笑着说："常言道，泥瓦匠，住草房，卖盐的，喝淡汤。我们老少俩人一天也捕不到几尾鲫鱼，他哪里舍得自己吃呀？"

李时珍沉思了一会儿，对这老妇说："这鲫鱼有滋阴降火的作用，你从明天起每日替我留两条，让这孩子送到家里。"说完就拿出些银两给那老妇："这尚且作买鱼的钱，日后我再补上。"这老妇说什么也不肯要李时珍的钱，推托了好一阵子，老妇把这鱼篓里的鲫鱼给了李时珍，收下了银两。

李时珍提了鲫鱼回到家来。一家人见时珍回来，自然高兴。时珍滔滔不绝地讲起了那老樵夫的事，一家老少听了都感叹不已。说完以后，想起了这几尾鲫鱼，便对吴氏夫人悄悄地嘱咐了几句，吴氏夫人心领神会地把鲫鱼放入水缸中养了起来。第二天，这男孩真的送了两条鲜活的鲫鱼来，李时珍把鱼留下，付了钱，问这孩子叫什么名字。这孩子告诉他，自己姓庞，名宪，字鹿门。李时珍对他说："你身体不好，我这里熬了些药，喝了再走吧。"便让吴氏夫人把药端出来，让孩子喝了。

其实这药就是昨天李时珍带回来的鲫鱼，加上当明、黄芪养血补气的药熬成的。就这样，这孩子天天送鱼来，天天喝这加了药的鱼汤。一个月后，这孩子的脸颊红润了，身体也强壮了。

又过了一个多月。一天，李时珍一家刚吃过午饭，那孩子气喘吁吁地跑来："李伯伯，我奶奶不行了，她要我赶快把你请去。"李时珍立刻站起来，背了药箱要走。这孩子道："奶奶关照的，不让你带药箱，她有话要对你讲。"李时珍犹豫了一下，还是背起了药箱同那孩子快步地走出了家门。

两人来到雨湖边上，李时珍一眼就认出了那条小船，跑到船前，还不待那孩子扶他，双脚已跨了上去，见那老妇人躺在船舱里，忙走上前去，坐在她身旁。这老妇人见李时珍来了，微微点了点头，费劲地伸出那干枯而颤抖的手拉着李时珍断断续续地说："你把鱼汤给孩子喝……我知道……你是这孩子的救命恩人……我要走了……到了那里我会告诉这孩子的爹妈的……让他们来世报答你……"她看了看跪在身旁哭泣的孩子，又对李时珍说，"这孩子很懂事……你就收下他吧……"李时珍双手握着老妇人的手，连连点头答应了。老妇人把手抽了出来，安详地闭上双眼去世了。

李时珍把这老妇人的后事料理了，把庞宪收做徒弟，不仅教他读书识字，还教他医药方面的知识。庞宪聪明伶俐，勤奋好学，后来也成了蕲州一带的名医。

李时珍鱼汤救孩子，花钱葬老妇的事很快在乡里传开，乡亲们对他这种扶危济困的行为无不称颂。那些大家贵族也都赞叹，并且听说李时珍医术高明，都经常请他去看病。

有一次，有一家在县衙门当官的人家把他请去了，患病的是这家的大公子，平时嗜酒贪色，刚发病时感到下腹部胀痛，请医生诊治后服了些药不见好，第二天起大小便不通，腹部胀痛得更厉害，躺也躺不下，坐也坐不下，整天只好弯腰站着，换了几个医生，服的药都无效，已经七天七夜了。李时珍按脉察舌，一看这舌苔，又黄又腻，想他平日经常喝酒，又多近女色，脉象弦实，必是下焦湿热，于是用川楝子、小茴香、穿山甲，再加较大剂量的牵牛子。开完处方后，他对这家主人说："这方子药味不多，所用之药也非贵重之品，但定有效也。"正如李时珍所言，这药服了一剂，腹部胀痛减轻，病人可以躺下了。再服两剂后，大小便都通了。大小便一通，肚子也马上不胀不痛了。

这事很快地又被一位宗室夫人知道了。这位夫人年龄将近六十，有大便秘结的毛病，十来天才解一次大便，每次解大便的时候肚子和肛门一阵阵地作痛，就像生孩子那样，十分痛苦，她也找了不知多少医生，有的说这是年老血虚引起的，开些养血润燥的药物，服了以后不但大便没有通畅，反而觉得胸腹胀闷，食欲减退。有的则说这是肝气郁滞造成的，用了柴胡、白芍、枳壳、木香等疏肝理气的药。有的干脆就用大黄、芒硝一类的泻药，都没有效果。这病一下就拖了三十年。

当她得知李时珍只用三剂药就治好了那家大公子的病后，就差人去把李时珍请来，李时珍见这夫人体态肥胖，脉象很滑，就说："夫人体内多痰呀！"这夫人马上说："对！对！我每天要吐出好多酸水黏痰，吐出后才感到胸腹里面舒服一些。"李时珍接着说："这是上焦气滞，有升无降，津液都化为痰饮了。""津液缺乏，肠道干燥，这与血虚肠燥相似而不相同，上焦气滞与肝气郁滞也是相似而不相同。所以养血润燥或是疏肝理气的药都不能奏效呀！至于大黄、芒硝，纯粹是攻下药物，哪能治本呢？"说完，李时珍从药箱内拿出被动痰的皂荚膏丸，再秤了些牵牛子研成细末，嘱咐这位夫人，将这两种药一起用温水吞服。结果大便很快就通了，并且解大便时一点儿也不费劲了。肚子不痛，肛门不胀，以后，稍觉大便不通顺，只要一服这药就好，百试百应。这位宗室夫人三十年的病痛被李时珍治好了，精神大振，逢人便夸李时珍的医术高明。

慧眼辨火硝　致力撰巨著

　　李时珍虽然经常被这些大家贵族人家请去看病，但他不阿权贵，不受分外之财，一心治病救人，即使是贫困人家有病请他，他都欣然前往。

　　有一天，李时珍正准备带着庞宪上山采药，刚跨出家门，迎面跑来一年青壮汉拦住了去路，焦急万分地说："我家女人快不行了，先生，您快救救她吧！"李时珍一问病情，方知这位壮汉的妻子两天前生了个小孩，生产以后大便干络，小便不通畅。肚子胀得难受。昨天傍晚，有一位走方郎中路过他家，他便请这位郎中诊治。这郎中从药壶中倒出一些白色的药末给他，让他分两次用温水冲化了服下。这药看上去像盐那样，便问了一下，这郎中说这不是盐，是芒硝，服下去以后，大小便很快就会通畅的。待郎中走了以后，就按他说的办法冲了一碗给妻子喝下。喝了以后，不但不见大小便通畅，反而肚子胀得更厉害。到半夜，妻子直说心慌口干，全身像火焚一样难受，只是要喝凉水。天快亮时妻子难受得不断在床上翻滚。

李时珍听罢，让庞宪去把药箱拿来，随这壮汉来到他家。这家的房子很陈旧，且又低又矮，屋内显得很昏暗。李时珍进入屋里，见一妇女躺在床上边呻吟边用双手捶着自己的胸口，两腿不停地乱蹬。走近一瞧，发现她的面部和口唇都呈青紫色，呼吸很急促，把过脉后，李时珍问那汉子："你还有剩下的药吗？"

"有，有，还剩下一半，哪里还敢给她服

呀！"这壮汉便把剩下的半包药递给了李时珍。李时珍拿着这药，走到屋门口亮处仔细地看过然后把药倒在地上，让壮汉取火来点着，只见一缕青烟冒起，这药竟燃了起来。"唉！这哪里是芒硝呀，是硝石！"李时珍说着回到屋里，从药箱内取出一丸三钱重的蜜丸放在碗里用温水化开，让这妇女服了。又秤一两生甘草，叫这汉子放在药锅内加水煮。李时珍却在这屋内守着，待那妇女喝下甘草汤后，约莫过了一个时辰，看那妇女慢慢地安静了下来，面部和口唇的青紫色退了下去，才放下心来准备要走。这时壮汉要付诊费和药费，李时珍说："看你家并不富裕，你妻子刚生了孩子，这钱你留下替她买些吃的吧。"说完就走了。这壮汉千恩万谢，一直用目光把李时珍送远了才进至屋里。

李时珍和庞宪俩人回到家，庞宪就问了，"这郎中怎么会把药搞错的呢？"李时珍对他说："这两种药从外形上很难区别，而且书本里写得也不清楚，自然容易搞错。"庞宪又问："这两种药有什么不一样呢？"李时珍回答说"芒硝又叫皮硝，因为它可以用来加工皮草；硝石又叫火硝，它可以用来制造火药。这两种药从外形上很难区别，味道都是苦的，但芒硝遇火不会燃烧，硝石遇火很容易燃烧，而且火焰是蓝色的。刚才用火一试，你不是见到了吗？所以可以断定这是硝石。""芒硝性寒，硝石性热，这两种药的药性完全不同，一弄错不是要病人的性命吗？这女子如果再晚一点儿，恐怕就不好救了。"又说："生甘草可以解毒，甘草梢可以通利小便，所以刚才就用了甘草，这是一举两得。这蜜丸可以润肠通便。"庞宪听了很佩服师傅学识的广博，用药的精妙。

李时珍说完后，让庞宪随他到书房，李时珍拿过一本《证类本草》，翻到第三卷消石的一条（古汉语'消'通'硝'），指着其中"一名芒消"这几个字给庞宪看："这是从《名医别录》中引的，说消石又叫芒硝，不是搞乱了吗？"

吃晚饭时，李时珍把这事告诉了父亲李言闻，李言闻叹了口气:"唉!差之毫厘,失之千里呀!"说完自顾自地吃饭了。而李时珍一听"差之毫厘,失之千里"这句话后,头脑里激起了阵阵思潮,他一手端着饭,一手拿着筷子老是发呆。李言闻看到他这样子,用两手指轻轻地敲了敲桌子:"你还在想那件事哪?快吃饭吧!"李时珍这才回过神来,低头扒了几口饭。

吃完晚饭,李时珍便来到书房,拿起《证类本草》细细地阅读。其实这本书已经读了多遍了,但今天他读得特别仔细,并做了不少笔记。他居然一口气把这本书从头到尾又读了一遍。读完后,他轻轻地叹了口气,合上书本,这时,传来了头遍公鸡的啼叫声。

打这天起,李时珍像着了魔一样,一吃完晚饭就往书房跑,并不断地支唤庞宪,一会儿让他拿些柴胡、藿香、金银花进来,一会儿又要黄连、南星、葳蕤,那书桌上凌乱地堆着好几十本书,还有他的读书笔记,平时所做的摘录等。地上像天女散下的花一样，到处是整棵整棵的药材。吴氏夫人好几回要进去打扫，他怎么也不让。弄得一家人都莫名其妙。

这样不知过了多少日子，有一天他终于跟父亲说出了心里话："爹，我想重新编写一部本草书。"李言闻乍一听，以为是自己听错了呢，问："你是说重新买一套本草书吧？"

"不！是重新写一部！"李时珍斩钉截铁地答道。

"重新写一部本草书？你知道天下的药物总共有多少种？你书读了不少，难道你不明白？""最早的《神农本草经》收药365种，后来《名医别录》又收了《神农本草经》中没有的400多种药，唐朝的《新修本草》共有844种，到宋朝的《证类本草》已经有1 558种，你说这有完没完？"

李时珍并不言语，只是将父亲拉进了书房，从地上捡起几根药草，对李言闻说："这是卷丹，可书上却把它写成百合。""这是兰花，书上却写成兰草。""这是南星，又称虎掌，原来是一物，这书上偏偏把它当做两药。"弯下腰去从书桌旁拿起两支药草，一手举着一支说："这是葳蕤，而这是女萎，这分明是两种不同的药草，这书上又把它们当做一物。"接着他让李言闻在书桌前坐下，把那些笔记、摘录摊放至李言闻面前，指着说："这是我从书本上抄下的，这里写着紫葳这药，《名医别录》称为'陵苕'，又称作'茇华'。而《本草经集注》说是'瞿麦根'。《新修本草》却说是'凌霄'，又称'女葳'。还有这里称'瞿陵'、'武威'、'鬼目'、'陵时'……""爹，你搞得清楚吗？"

李言闻听儿子这么一说，也不禁皱起了眉头。李时珍又抽出一些小纸片，递到父亲面前："这些都是有效的单方，可是书本上都没有。"李言闻接过看了几张，上面写着："玄胡止胃痛"、"川芎治头痛"、"生半夏末搐鼻治喉痹"等等。其中有一张写的是"三七治诸血"，李言闻问："三七是什么药？""三七？对！"李时珍边说，边跑到窗台前拿起一枝茎上长着七片叶子、茎下带着块根的药草，举到李言闻面前："这就是三七，是夷陵州的老樵夫教我挖的。我亲眼看见这老樵夫砍柴时划破了手，用这块根研成的细末一抹上血就止住了。""回来后我还查过这些书，哪本书上也没有这种药。""这么好的药没写进书里去，爹！你说该不该重写？"

这时李言闻的心已经被打动了，他对李时珍说："写吧！写吧！孩子……好好地写。""不过这药物实在太多，写的时候纲目可要清楚呀！"

"对！一定要纲目清楚。这书名就叫《本草纲目》怎么样？"

"好！这是个好书名，就叫《本草纲目》！"李言闻说完后，两手支着桌子慢慢地站了起来，并放慢语调说："你的兄长果珍至今也没有生儿育女，你就将建木过继给他吧。这样你也可少分散些精力。"

这建木是李时珍第四个儿子，也是最小的一个。时珍夫妇也想把这孩子过继给兄长，现今父亲一提，自然答应了。

在以后的一段日子里，李时珍做了些准备，便开始着手编写《本草纲目》。这是明嘉靖三十一年（1552），李时珍三十五岁。

巨著定纲目　　任职楚王府

俗语说："万事开头难"。李时珍开始编写《本草纲目》时也是这样，因为要写的东西实在太多了。李时珍觉得要写好《本草纲目》不单单是写药的形态、性味、功用等，而是要把医学理论、确实有效的方子等都写进去。他琢磨来、琢磨去，想到《证类本草》这本书收载的药物较多，对于药物的别名、药性、功用、产地、加工炮制等记载也比较详细，还有些单方验方，于是决定在《证类本草》的基础上进行编写。

但是问题又来了，这个"纲目"怎么定法？李时珍觉得，像《神农本草经》那样，把药物分为上、中、下三品，太简单、太粗糙。而《证类本草》按药物自然性质，把1 500多种药分为10类，再加上三品分类法，仍较混乱。经过苦思冥想，结合各方面的知识，他拟定了水、火、土、金石、草、谷、菜、果、木、服器、虫、鳞、介、禽、兽、人的一套顺序，按这顺序把药物分为16部，再分成60类。总的原则是"从微至巨"、"从贱至贵"。也就是说，是从简单到复杂的这样一个顺序。

李时珍在那时候能想出这一套方法可不是件简单的事情，他完全打破了古人的条条框框，在分类上已经把相同的植物科目、动物种族归在一起，这与现代的动植物分类方法是何等的相似！而从简单到复杂的排列又完全符合生物的进化规律！怪不得连世界著名的进化论奠基人达尔文也十分赞赏《本草纲目》。

还有人称赞李时珍说："他振纲分目，纲目演绎，建立药物分类的纲目系统，统率了1 892种药物；建立各条药物的纲目体系，囊括了古今药物资料；建立百病主治药的纲目系统，组织了辨证论治的用药纲领。三大系统纵横交织，分层紧扣，使近两百万言的医药巨著组织得井井有条，横竖成行。""李时珍确立的纲目体系像一座摩天大厦，上面镶嵌了空前的博物珠宝，五光十色，交相辉映，巍然屹立于世界文明之林。"

　　李时珍把这纲目定了以后，心中便有底了。只待在上面添砖加瓦。但是他也知道，没有实践经验，不可能写好这本书，所以他还是经常外出采药、看病，不过，现在采药也好、看病也好，他都忘不了《本草纲目》。采药时，把药的形态、特征、生长环境等都详详细细地记录下来。看病时不断地推敲其中的医学道理。一到晚上就躲进书房，把这些资料进行整理。像蕲州产的艾，质量特别好，全国闻名，李时珍对它有浓厚的兴趣，不论是严冬还是酷暑，他都上山观察艾的生长，关于它的资料就有一大摞，结果李时珍把这些资料编成了一本书，书名叫《蕲艾传》。在医学理论方面又写成了《命门考》、《三焦客难》等，可惜这些书都失传了。

到了第二年的立夏，有一天，李时珍没外出。正在书房里整理资料，徒弟庞宪走来告诉他，有病人找他。李时珍走出门来，见一汉子手里提着一篮子鸡蛋，后面跟着一个抱着孩子的女人。那女人一见李时珍，立刻把孩子放下，要孩子跪下给李时珍磕头。李时珍忙把孩子扶起，定睛一看，才看清这正是去年上他们家去看过病的一家人。

原来，去年李时珍救了这误服火硝的女人后又分文不收，这一家人感恩不尽。现今这孩子刚满周岁，趁立夏这天，带上自家的鸡蛋上李时珍家道谢来了。李时珍把他们请进屋里，以宾客相待。

闲聊之间，那汉子告诉李时珍，他原先在邻乡一个地主家干活，因地主太刻薄，所以就不干了，来到这蕲州替人干些杂活。他告诉李时珍，他在那地主家干活时还有个长工，这长工姓张，排行第二，大家都叫他张二，张二已经在这地主家当了好几年长工了，不知从什么时候开始掉头发、落眉毛，脸上还长起了一个一个的肉疙瘩。这地主说他得了麻风病，把他关在放柴的小屋里，不让他吃、不让他喝，想把他活活地饿死，最后把尸体埋掉就完了。关到第六天，地主想这张二大概已经死了，便让手下人去看一看，手下人回来说他还没有死。过了两天，地主又让人去看，回来还是说没死。到第十天，那手下人说张二非但没死，还在屋里来回走动呢。我当时听了也觉得很奇怪，心想张二平时也没有什么好的东西吃，饿到第六七天没死去，到这第十天怎么还有精神在屋里走呢？这地主当然想得更多，他想一定有人给张二送吃的了。打那天起，地主就让管家看着他们吃饭，看谁把吃的东西藏下了。其实，地主给他们打工的吃的东西本来就很少，还都是些剩的，根本没法藏，当然也没有剩下的。但奇怪的是，张二就是不死，大家猜来猜去，也猜不出是什么道理。那地主只是怀疑我们这几个穷哥儿们在帮张二的忙，总是鬼鬼祟祟地来察看他们。

　　这样过了一个多月，那地主忍不住了，亲自来到这柴屋前，让手下人打开锁。锁一打开，张二从里面走了出来。可能是晒不到太阳的原因，他脸色有些苍白，但脸上的疙瘩没有了，头发、眉毛也都长出一些。大家问张二是怎么回事。张二说，那屋子的旮旯里有坛好酒哪，我没有吃的、喝的，就天天喝这酒。地主忙叫人把这酒抬出来。这酒坛边上积满了尘土，地主伸长脖子望里一瞧，吓得叫了起来。原来这酒里有一条五六尺长的蕲蛇在里边，肚子已经泡烂了，但背上和蛇皮还挺完整。这下大家才明白了过来，是这蕲蛇酒治好了张二的麻风病。

　　说者无心，听者有意。待这家人离去后，李时珍就回到书房，把张二的这段经历记了下来，并嘱咐庞宪准备捕蛇的工具。此后，李时珍带着庞宪经常往山上草丛里寻找蕲蛇。

　　这蕲蛇又叫白花蛇，在贵州叫棋盘蛇，这都是根据它身上的图纹叫出来的。它还有个名字是叫五步蛇，为什么这样叫呢？是因为它毒性极大，人被咬了之后走不出五步就会倒下，可见这蛇是多么的厉害。李时珍却不顾这些，有时捉上两条带回家养起来，有时发现了它就静悄悄地站在那儿瞧着它。这蛇有种特性，只要你不去攻击它，它也不会主动地攻击你。大多数都是因为走路不小心踩着了它才被咬的。李时珍掌握了蕲蛇这一特性，就可以在一旁观察它了，久而久之，李时珍对这蛇的特点、习性了解得很多很多，最后写成了《白花蛇传》。可是这本书的命运与《蕲艾传》一样，也没有流传下来。

明嘉靖三十八年（1559），荆府富顺王朱厚焜的儿子病了，富顺王差人把李时珍请去。李时珍进了王府内，看见一小孩站在椅子上，椅子前的桌子上摆着好几支又粗又长的蜡烛，这些蜡烛全燃着，这小孩拿着筷子轮番地夹着燃烧的蜡烛芯往嘴里送。这边小孩吃蜡烛芯吃得津津有味，那边富顺王瞧着直着急，富顺王夫人不停地用衣襟试着眼泪。李时珍凭着他丰富的医学知识，一看就明白，对富顺王说："这是

'虫癖'症。"富顺王问："什么是'虫癖'症？"李时珍告诉他："这是肚子里有蛔虫引起的。得了这种病的小孩，不好好地吃饭，却爱吃泥土、墙皮、纸屑之类的东西。""世子爱吃这烛芯，也是这原因呀。"站在一旁的丫环听了插嘴说："世子也爱吃泥土，不让他吃还闹呢！"富顺王原本就知道李时珍的医术高明，此刻听丫环一说，益发佩服李时珍了，便让下人笔墨伺候，请李时珍开药。李时珍拿笔在纸上先写了"附子和气汤"几个大字，下面用小字开了使君子、鹤虱、雷丸之类的驱虫药，却没有附子。是李时珍搞错了方名还是把附子漏开了？都不是。原来这富顺王非常喜欢他与偏房所生的一个儿子，想废掉现在这个正妻所生的世子，把偏房生的孩子立为世子。李时珍早知道富顺王的心思，现在趁这机会劝导他一下。

富顺王接过药方一看，先是一怔，他也是在想：这个没有附子的药方怎么称作"附子和气汤"呢？但一会儿他就明白了。这"附子"乃是"父子"

也，是要他们父子之间和和气气。富顺王明白过来后，就笑了起来，夸李时珍："好！好！听你的！"富顺王受到感动，打消了另立世子的念头。拿起笔来把这方子上边的几个大字圈掉，让下人抓药去了。这药服过后，第二天世子就排出好多蛔虫，这病也就好了。

李时珍治愈富顺王世子的病以后，名声更加大了。而且他规劝富顺王父子和气的事传到了武昌楚恭王朱英㷿的耳朵里，楚恭王觉得李时珍为人正直，便封他当了王府的奉祠，同时掌管良医所的事务。这奉祠是主持王府祭祀礼仪之事的，良医所是专门负责王府宗亲医疗保健的。所以实际上李时珍是身兼两职，为八品官位。这两职事务并不多。而楚王府里却有好多藏书，有些书外面一般见不到。李时珍一贯喜好读书，此时倒是个天赐良机，得以饱览群书。

在这些书里面，李时珍发现有好几本都是题名为《脉诀》的书，这"脉诀"就是诊脉的要诀，讲的是中医诊脉方面的知识。李时珍知道，最早的脉学著作是西晋王叔和写的《脉经》，只是文字古奥，容易读懂，所以流传不是很广。后来就有人假托王叔和的名字写了《脉诀》，这《脉诀》的文字与《脉经》完全不同，非常浅显易懂。许多人不知道这是托名的伪书，只觉得容易读懂、容易记忆，便竞相购买。日子一久，真正的《脉经》被人忘掉了，而这《脉诀》却流行很广。如果说这《脉诀》是本好书，这倒也罢了。可叹的是这本书粗陋纰缪，误人匪浅。李时珍看罢，只是摇头，心想："这诊病之事，它可视同儿戏？"于是把父亲李言闻所写的《四诊发明》反复读了好几遍，把其中的精华部分摘录下来，再加上自己多年的治病经验，再参考明代以前五十四种有关医学书籍，写成了一本万多字的《濒湖脉学》，书中总结了27种脉象，对《脉诀》中的谬误一一加以否定，用七言诗的形式系统地说明各种脉象的形态、主病等。文字非常生动易懂。如"滑脉如珠替替然，往来流利却还前"。"浮脉惟从肉上行，如循榆荚似毛轻"。这些形象的描绘，给人的印象是多么深刻！

这本书是在明嘉靖四十三年（1564）写的。问世以后，得到普遍好评，特别是在清末民初，更是广为翻印流传，业医者几乎人手一册，为中医脉学必修的书本。1927年被译成德文，在莱比锡出版发行。可想这本书的影响之大。

李时珍在楚王府里得空就看书、编写《本草纲目》。书读得多了，资料丰富了，这反倒为难了李时珍。因为李时珍希望《本草纲目》能早日问世，造福于民众，而现在要把许多东西写进《本草纲目》里，只靠自己一个人，进度太慢了。他几次请楚恭王奏明圣上，要求朝廷组织人员进行编写。但楚恭王并不把这事放在心上，根本没有上奏皇帝，李时珍看看无望，只得自己埋头苦干。

就这样，一天又一天，一年又一年，不知不觉地过了六七年。有一天，李时珍像往常一样，在看书写书，突然楚王府中的一个仆人边叫："李大人！李大人！"边急匆匆地闯了进来，见到李时珍，作了个揖，说道："不好了！世子刚才在后花园玩耍，突然昏死过去，请李大人快去。"李时珍三步并作两步地往世子房中走去。只见好多人围在世子床前放声痛哭。楚恭王双手叉在背后，低着头在房中来回踱着。众人见李时珍进来，便闪开道儿让他上前诊治。只见世子牙关紧闭，昏迷不醒，四肢不停地抽搐。一摸身上，肌肤发烫，全然无汗。脉跳得很快，但又虚弱。边上有仆人告诉他："世子听见树上蝉鸣，便要到园中去捕蝉，玩了不到半个时辰，便突然昏倒了。"李时珍心中已经明白，便对楚恭王说："这盛夏之际，午后在园中玩耍，必受暑邪，这般症状是为中暑"。李时珍便差人取来辟瘟丹、消暑丸，研碎后调入温水，轻轻地把世子的牙关扳开，将药灌了进去。片刻之间，世子就醒了过来。众人又惊又喜，惊的是李时珍的医术确是非凡，喜的是世子得救了。李时珍又说："世子现已苏醒，但身热未退，还须调理，请差人取些冰块来。"这时虽是盛夏，但楚恭王府想必藏有冰块，所以找来并不难。

待冰块取来后，李时珍让人凿下些小冰块，用布帛包了敷在世子的腋窝，再将大冰块让人装在木盆里在屋中几处放了。对众人说："这屋里须凉爽，请众人回避才是。"众人退了出去。李明珍又开了药方，不过两日这世子便完全健康。

李时珍救活世子，王妃感激不尽，亲自拿了金银锦帛来答谢李时珍，但李时珍丝毫不取，对王妃说："时珍学医，是为治病救人，并非贪图财物。"这是一种多么高尚的情操！而李时珍使用的物理降温法，以前的历代医家中还没有人用过，这别具心裁的创造，为我国的医学史写出了辉煌的一页。

辞别太医院　实践求真知

明嘉靖四十五年（1566），皇宫里发布了一道命令，从地方的府、州、县各处举荐名医，召入太医院，以补充太医院的缺额。楚恭王深知李时珍医术高明，便举荐他到了京城的太医院。

太医院是皇宫里设立的医疗机构，不仅召集了全国的名医，而且各地所产的珍贵的药物都定期送入，还有外国进贡的药物，这使李时珍的眼界大开。他常去药库一一观察这些品质优良的药材。把它们的特性和贮存方法都记了下来,并对照古代医书,纠正其中的错误,把这些内容都编入了《本草纲目》。

明隆庆六年(572),李时珍的父亲李言闻去世。李时珍奔丧回来后写成了《奇经八脉考》一书,全书一万多字,分为十七篇,对每条奇经的循行路线、生理病理等作了说明,纠正了前人的错误,并提出了自己的见解。像《四库全书提要》所说的那样:"其书谓人身经脉,有正有奇,手三阴三阳,足三阴三阳为十二正经;阴维、阳维、阴跷、阳跷、冲、任、督、带为八奇经。正经人所共知,奇经医所易忽,故特详其病源治法,并参考诸家之说,荟萃成编,其原委精详,经纬贯彻,询辨脉者所不可废。又创为气口九道脉图,畅发《内经》之旨,而详其诊法,尤能阐前人未泄之秘。考明初滑寿尝撰《十四经发挥》一卷,于十二经脉外,益以任督二脉,旧附刊薛己医案之首,医家据为绳墨。时珍此书,更加精核,然皆根据《灵枢》、《素问》,以究其委曲,而得其端绪,此以知征实之学,由于考证,递推递密,虽一枝亦然矣。"这本书同《濒湖脉学》一样，也是一部既有系统总结，又有独特创造的著作。对于现今经络理论的研究和临床实践都有重要的参考价值。

到了明万历元年（1573），李时珍升为太医院判。虽然职位升了，但是他看到皇帝和士大夫们一味追求长生不老的仙术，将那些珍贵的人参、灵芝、龙涎香、梅花鹿等大量的用于炼丹，心里非常反感。而且想到《本草纲目》的编写已经经历了二十多个春秋，自己也将年过花甲，得加紧完成。于是在次年便托病回家了。

李时珍回到家中，按理说可以安心坐下来写书了，但是他把这许多年写的稿子拿出来整理后，心中并不满意，觉得从古书中收集来的资料多了些，而实际的东西少了些。推敲了许久，李时珍决心重新修改稿子，并采集药物标本。

主意打定，准备了两天，便带着徒弟庞宪，次子李建元离家外出。他首选的目标是湖广西北部的太和山。因为李时珍在武昌楚恭王府的时候，曾经从蛇山观音阁的一位老和尚那里听说过，在太和山一带有一种叫做"曼陀罗"的植物，这种植物开出的花色白而大，非常漂亮。相传用这花酿出的酒，味道甘醇，且有奇妙之处，如果采花的是笑着采花，这酿成的酒喝了之后便令人发笑；如果采花的人是边采花边舞蹈，那采来的花酿的酒喝了之后，就会情不自止地手舞足蹈。李时珍当时听了，很感兴趣，但又不十分相信，只是脱不了身，无法亲自去尝尝，现在他倒要去探个明白。

这太和山本是明朝的叫法，现在叫做武当山，主峰也叫做紫霄峰。武当山在湖北省西北部，汉江南岸，与西南的大巴山、巫山和东南的荆山共同构成了神农架。这里有参天大树布起的一片片森林，有许多濒临灭绝的珍稀动物，还有多种名贵的中药。传说中的古代人物，与燧人、伏羲合称"三皇"的神农氏，就是在这里尝百草之滋味，一日而遇七十毒，从而发现了药草。此山山势峻拔，为道教名山和武当派拳术发源地。有上、下十八盘等险路及七十二峰、三十六涧等名胜景地，山上的柴霄宫、太清宫、玉虚宫等规模宏伟，更有著名的铜铸金殿和神像。

　　李时珍他们三人来到这里，虽面对如此美丽的景色，却无心游玩。李时珍对庞宪和建元说："这曼陀罗我也没见过，书上也没有记载，只听那和尚说过。它高约四五尺，叶子形状像茄子的叶，所以又叫山茄子或风茄儿。七八月开花，正是现在这个时候。花呈漏斗状，色白而大。我们仔细寻找就是了。"

　　可是武当山这么大，遍地长满野草和各种植物，要找这曼陀罗哪有这么简单？

　　足足找了三天，从山脚下开始找起，已经找到了半山腰。这曼陀罗连个影儿也没有。第三天的晚上，三人虽躺下了，但谁也睡不着。建元年纪最小，他早沉不住气了。见父亲只是在那里翻身，知道他也在犯愁，便轻声地说："父亲，咱们还是分头找吧！您年纪大就在后面慢慢地找，我和庞宪分两边去找。"庞宪听了，忙说："不行，不行！我经常走山路，我先上去，建元兄弟培着师傅才是。"李时珍也不言语，由他们两人争吵。最后听他们两人争得没完没了，才慢慢地说："好了，你们别争了，这山路险，虫兽又多，还是大家在一起的好。这曼陀罗我相信是有的，会找得着的。"经他一说，建远和庞宪都不言语了。

第四天的时候，他们像前三天一样，只往林子里钻，可是转来转去，还是没见到这曼陀罗。看看天色已近黄昏，三人只得从林子里出来，三人谁也不言语，各想各的心思。

这时，从山上走下来个老汉往，李时珍见了忙走上前去，行过礼后便问老汉："请问老伯，这山上有没有一种叫曼陀罗的花？"接着又把这曼陀罗的形状描述了一番。这老汉说："有，有，这山上多着呢！""我们已经找好几天了，怎么找不到呢？"老汉听李时珍这么一说，笑了起来："你们在这里找什么呀！这里的山坡是朝阳的，而且都是些高大的树木。这花喜阳光，它只长在向阳的山坡上，你们不要往树林里钻，在那草丛中就有。"说完这话，又往山上不远处指了指。李时珍顺他指的方向望去，隐隐约约地见到一条小道。老汉说："顺这道儿绕过去，后面的山坡上就有。"他们三人听了，个个面露喜色，连连向老汉道谢。李时珍轻轻地叹道："真是活到老，要学到老！"

　　第二天，他们起了个早，沿着昨天那老汉指的小道走去。这山确实高大，走了大半日方绕过这背阳的山坡。一绕过背阳的山坡，就见到前面有一片宽阔的草丛，在草丛中一朵朵碗口大的白花昂首挺立着，李时珍他们三人一见这花不约而同地叫了起来："看！这就是！这就是曼陀罗！"他们边叫边向这曼陀罗跑去。李时珍已是五十多岁的人了，一不小心脚下被蔓草绊了一下，便摔倒在地，他顾不得伤痛，很快地爬了起来，继续往前跑去，跑到那曼陀罗跟前，李时珍就像见了宝贝一样，围着这花转来转去，一会儿低下头用鼻子闻闻，一会儿又弯下腰去瞅它的茎叶。许久许久才伸出微微颤抖的双手捧住这花，眼中滴出了一颗颗泪珠……

他仿照观音阁的老和尚所说的那样，连笑着边采上几朵花，又边跳舞边采几朵，分别用干净的布包了。最后同建元、庞宪一起小心翼翼地刨开这花周围的土，连根挖了几株带上。在下山的时候，又挖了些药草和奇花异草，真是丰收而归。

　　李时珍回到家中，便请人用这曼陀罗花去酿酒，酒酿成后，他亲自尝试。结果发现并不像和尚所说的那样，笑着采下的花酿成的酒喝下会令人发笑，舞蹈时采下的花酿成的酒喝下去会手舞足蹈。只是这花不用酿酒，服用较多后可使人神志恍惚，这时如果有旁人逗他、怂恿他，让他笑他就会笑，让他跳舞他就会跳舞。后来又发现这花有平喘、止痛的功效，可以治疗咳逆气喘、胃痛等症。李时珍将这些都一一写进了《本草纲目》。现在有些大夫用的"洋金花"、"风茄花"，就是这曼陀罗花，且都是以《本草纲目》作为依据。

　　此后，李时珍经常外出进行考察和采访，湖北、河南、河北、安徽、江苏、江西等许多地方都留下过他的足迹。他的观察细致入微。如对蚂蚁的观察，他发现蚂蚁到处都有，有大、小、黑、白、黄、赤几种，居住在洞穴中，是卵生动物，它们有等级的差别，有君臣之分，行走时会排成队伍，天如要下雨它们能感觉到，春天出来，冬天伏藏。

对于菖蒲，他掌握到菖蒲有五种：长在池塘里，叶子像蒲，根肥大。高二三尺的，是泥菖蒲，又叫白菖蒲；长在溪涧，叶子像蒲，根瘦小，高二三尺的，是水菖蒲，又叫溪荪；长在水石之间，叶上有剑一样突起，根细而有很多节，高一尺多的，是石菖蒲；还有人用砂栽培至一年以上，春天的时候剪下来清洗，越剪越细，高四五寸，叶子像韭菜，根像匙柄那样粗的，也是石菖蒲；更小的一种，根长二三分，叶长一寸左右，这叫钱蒲。并指出作为药用的只有两种石菖蒲，其他三种都不行。这种草，枯老的叶子掉了就会长出新叶，四季常青。

关于竹子，众所周知有许多品种。李时珍经过观察，指出竹子茎上有节，节上长枝，这枝上还有节，在枝节上长叶，这叶一定是三片。这枝一定是两枝。六十年开花，开花结实之后便枯花，并且对地下根的情况他也知道，指出："其根鞭喜行东南"，至于竹子的品种，他掌握了十多种：如产于四川的节短而突的"筇竹"，产于荆南；一尺的有好几个节的"眉竹"，产于吴、楚，每节有一尺多长，可以做笛子的"笛竹"，产于严州；株高只有一尺多的"越王竹"，叶宽只有二三分的"凤尾竹"；还有叶宽如芭蕉叶的"龙公竹"以及丛生的"慈竹"等。更有滇广产的实心竹、川蜀产的方形竹、秦州产的无节"通竹"和茎干长有芒刺，周长达二尺多粗的"棘竹"等。并对各种竹子的用途也都了解。如"汉竹"可以做水桶、"棕竹"可以做手杖、"寻竹"可以做舟船、"筋竹"可以织布等。

这些内容都写进了《本草纲目》，所以后人看了无不佩服，如不是亲自考察，怎么会有如此生动形象而又确切的描述呢？

再采曼陀罗　开棺救产妇

　　李时珍从太和山采了曼陀罗花回来后，经过亲自尝试，掌握了它的功效。他把这药写进了《本草纲目》中。由于李时珍采集的曼陀罗正是花期的时候，所以在书中写的也只是它在花期时的样子。对于幼苗、果实、生长发芽等情况都无法说明。李时珍看着这书稿，心想，这曼陀罗在以前的药物书上都没有记载过，其他的书上也缺乏有关资料，我这样简单地介绍，采药的人能找得到吗？万一弄错了怎么办？他想来想去，越想越觉得不对劲。

　　他又想起了采药时的情景，见这曼陀罗是成片地生长。挖的时候，它们的根有的虽然互相缠绕，但并不连在一起，老是独立成株。想到这里，李时珍推断曼陀罗是由种子繁殖的。一定是花开以后结了果实，果实成熟就自己裂开，种子撒落在土壤中，到来年又生根发芽，所以成片地生长。有的地方植株生长较密，它们的根就会互相缠绕，根不相连，独立成株，绝不是根系繁殖。上次采这花是在八月间，那么到九、十月间它就能结果了。

　　李时珍得出这一结论后忽然兴奋起来，在脑海里浮现了一个计划，再上太和山，收集曼陀罗的种子！

　　此时正是九月间，李时珍不愿错过这季节，便来到房中把这想法对吴氏夫人讲了。并且说："如能把曼陀罗的种子收集到，我们把它种在这院内，你就能看见这花开的时候是多么美的了！"又说："你知道五代十国时的文字学家徐锴吧，他在《岁时广记》中说百合是蚯蚓化成的，我可不信，此次去太和山我也得探个明白。"吴氏夫人知道李时珍钻研学习的执性，自然不加阻拦，吩咐庞宪一起作好启程准备。

　　李时珍带着庞宪沿着田间小道往太和山行去。他心中有事，所以总是起早摸黑地赶路。这天，时光尚早，两人刚从一座山脚下转过，就看见对面来了一大群人，披麻穿白，一路吹打着，哭叫着。人群中间有人抬着一口棺材。李时珍知道，这是送葬的，就扯着庞宪避在道旁。当这送葬的行列从李时珍面前经过时，李时珍突然冲进人群，拦住前面的两个抬棺材的人，双手挥舞道："老乡，请慢一点！慢一点！"众人被李时珍这突如其来的举动惊住了，不知如何是好，这时，从棺材后面走出一年轻人，面带不悦地向李时珍发问："先生为何挡道？"李时珍说："这棺材里的人还有救啊！""还有救？"这年轻人听了先是一愣，但转而又摇摇头，轻轻地道："昨天半夜就死了，哪还有救呀？"李时珍忙问："是怎么死的?"年轻人见李时珍并无恶意,就对他说:"这棺材中的人是我的妻子,怀孕九个月,在两天前临产,临产时只是喊叫却生不下孩子,挨到昨天夜半,好不容易生下了孩子,孩子一落地,她便咽了气……连胞衣也还没下呢……"年轻人说到这里,面露悲戚之情。李时珍安慰他说:"你不要伤心,看来她还没有死,赶快开棺!"年轻人将信将疑,犹豫不决,众人围在边上,也没人敢拿主意。李时珍看到这种情景,便告诉大家:"人一死,血就凝住,不会再往外流。我说有救,是因为这棺材里的人还在流血。"他用手指着棺材底下:"你们看,这边还在滴血哪!"众人往李时珍指的地方看去,果然有少许血液沿着棺材缝在往下滴。这时有位老者,走到年轻人面前,对他说:"儿呀,你就打开棺材让这位先生瞧瞧吧!"年轻人默默地点了点头,李时珍便招呼抬棺材的人把棺材抬到路旁一棵大树底下,让人把棺材打开。

棺材打开后,李时珍一瞧,见里面躺着的妇人双目紧闭,面色苍白,四肢直挺挺地一动也不动。用手放在她的鼻子前感觉到有气出来。李时珍的心陡地一沉，想："莫非真的死了？"接着去按她的脉，一按脉，他感到有微弱的跳动，那颗心也放下了。

李时珍让人从路边田里拔两支葱来，自己在药箱里拿出两个小瓶子，分别从药瓶里倒出一点药末，将药末灌入葱管中，接着将葱管伸入产妇左右两个鼻孔中。只见李时珍用手指轻轻一弹葱管，那产妇就立即深深地吸了口气"啊嚏！"一声，打了个喷嚏，睁开了双眼。众人见产妇醒了过来，真是又惊又喜。李时珍用手示意，要大家安静，对那年轻人说："你的妻子生孩子时大喊大叫，又拖了两天，元气大伤。孩子落地之前，必定要用力，此又耗气，虚上加虚，故而虚脱，状如死去一般。"接着又说："现在她刚醒过来，千万不可惊动。"这产妇也确实太虚弱，刚睁开眼后又睡着了，还不知道自己是在棺材里躺着呢。

李时珍弯下腰，把手伸进棺材里又按了按产妇的脉，回过头来问："不知你家离这儿远不远？"年轻人用手指着田地对面的一排房屋道："不远，不远，就在那边。"

李时珍说："那就好，现在需把胞衣弄下，否则流血不会停止，还是有危险的。这里露天有风，于产妇不利，赶快抬回家去。"

李时珍话音刚落，几个汉子就抬起棺材往回走去。年轻人恭敬地请李时珍走在前面，李时珍却说："现在救人要紧，不必客气。"接着又从药箱里抓了一些药物，用纸包好，交付年轻人："你让人先回去把药熬上。"然后跟在抬棺材人的后面一起来到这产妇家中。

不一会儿，李时珍随抬棺材的人进到了一家院子里，年轻人对李时珍说："这就是我家。"李时珍让人把产妇从棺材里抱出来，放到屋里床上，并让送葬的众人散去。但这些人都想看个明白，只在院子里呆着，不愿散去。李时珍也不加理会，与庞宪俩人进入里屋。李时珍看那产妇还在睡着，又按了按脉，对庞宪说："这妇女生孩子时实在太疲劳了，劳则伤气，气虚又无力使胞衣下来，胞衣不下，血流不止，又致血虚，已是气血两虚，所以只是昏沉沉地睡着，幸而现在脉还均匀，否则就没救了"。他让年轻人去看看那药熬好没有，还要他找一位年长的妇人准备接胞衣，又对庞宪说："看来这产妇对刚才发生的事全然不知呢。我抓的药是人参、当归和益母草……"李时珍话没说完，庞宪就接着说："人参补气、当归补血，与益母草同用可推动胞衣。"李时珍笑着点了点头，又问："那我往葱管里放的是什么呢？"庞宪回答说："师傅不早就教过我的吗？是细辛末和半夏末，师傅用这办法救过了好几个病人，我怎么会不知道呢？"李时珍却没笑，反倒严肃地对庞宪说："我要你牢牢地记住……"这时年轻人端了药进来，打断了他们的谈话，年轻人后面跟着一位四十开外的妇人。李时珍让年轻人把产妇叫醒，把药喂了，自己从行装中取出几根毫针。他便在产妇两小腿的足三里穴上扎了两针，并不停地捻转、提插。

那产妇喝了药以后，又经李时珍的针刺治疗，精神好了起来，口中开始"哼、哼"地叫唤。李时珍便嘱咐那位年长的妇人准备接胞衣，又给产妇扎了几针。手上扎的是内关穴，让庞宪帮忙捻转、提插。足上选的是三阴交穴，李时珍自己施行手法。又把年轻人叫过来，要他用双手按揉产妇的小腹。

这时九月天气，在这小屋内李时珍蹲在床边施行针刺手法，额上沁出了颗颗汗珠。产妇还在"哼、哼"叫唤，李时珍告诉她不可叫唤，应该屏气收腹。

产妇停止了叫唤，屋内静了下来，只听见产妇的喘息声。好一阵子，这产妇又叫了起来，李时珍知道这是胞衣快要下来之前的阵发性腹痛，忙叫产妇吸气用力，示意庞宪加快捻转、提插速度，自己又在产妇两腿的血海穴上快速地扎了两针。针刚扎进，"呼"的一声，一团血糊糊的胞衣下来了……

胞衣一下，产妇也脱离了危险。李时珍把针起出，直起身子，拭了拭额上的汗珠，还捶了几下自己的后腰，嘱咐年轻人买些滋补品给产妇吃，就准备走了。这年轻人哪里肯让李时珍走？千恩万谢，百般挽留，非要好好款待李时珍不可。李时珍只说有要事在身,不便久留,执意要走,让庞宪把行装、药箱拿起就跨出门来。院中那些人听说产妇转危为安,都啧啧称奇。见李时珍出来,便都围了上去,把李时珍当作神仙一般,怎么也不让他走。李时珍看这阵势,十分为难,进也不是,退也不是。这时,让年轻人开棺的那位老人走了过来,很感激地对李时珍说:"你救了我儿媳的命等于是救了这一家人啊!先生怎么也得歇歇再走啊!"李时珍说:"我还得赶路哪,还得往太和山去采药。"老人问:"不知先生上太和山采什么药?"李时珍说:"是去采曼陀罗的果实。""太和山离此尚远,怕耽搁了时日,故急着行路。"

老人听说是去采曼陀罗的果实,哈哈大笑起来,拍着庞宪的肩头说:"快,快!把这行装放下。"又对李时珍说:"曼陀罗这里有的是,何必要上太和山?今日在此歇着吧,明日我一定让先生拿到曼陀罗的果实!"李时珍听老人这么说,心中也高兴,也无言再推辞,便留了下来。这家人家自然盛情款待。

第二天，老人来了，他带着李时珍和庞宪在村庄里转了一下，又转过几家人家，见一院子的门前站着老老少少好几个人，看见李时珍他们来了，都嚷嚷了起来："来了！来了！这就是昨天把死人救活的郎中！"又有人说："这先生相貌不凡，身有仙骨呀……""真是扁鹊再世，竟有如此高明的医术……"在大家的议论中，老人把李时珍和庞宪让进了这院子，对他俩说："这是我侄子的家，你们看！"他用手指着院子里种植的各种花草。李时珍定睛一看，这院子不大，但布置得非常雅致。通向正房的小径两旁种满了各种花草，有的正在盛开，红黄白色互相辉映，真是美丽极了。花丛中间有一水池，池中挺着几枝荷叶，在荷叶下边的水中隐隐见到几尾红色的金鱼悠然自得地游着。李时珍站望着这景色，心中默默地念着："这红色的花是月月红，这含苞待放的是菊花，这五彩缤纷的是菖兰。这枝条刚劲的是桃花……"忽然，他心中一亮，他看见了那茄子样叶片的一簇植株，他忙用手指给庞宪看："你看，这就是曼陀罗！是曼陀罗吧？！"庞宪也兴奋了起来："没错，是曼陀罗！是曼陀罗！"那老人微笑着走了过来，对李时珍说："我说今天一定能给你曼陀罗果实，没错吧？""先请两位进屋喝口茶，回头再来采吧！"李时珍并不推辞，随老人进了堂屋。呷茶之间，李时珍问了好多关于曼陀罗栽培方面的问题，老人一一作了回答。

一会儿，有人托了两盘子东西进来，一盘是银两，一盘是曼陀罗的果实。李时珍不收银两，老人怎么也不依。李时珍微笑着站了起来，让庞宪把曼陀罗果实全部收了。对老人说："这足以抵我的诊费了，我在老先生处学了不少知识，又不必再上太和山，省了不少时间，也省了好多盘缠哪！"老人这才作罢。

李时珍离开时，好多人都来送行。他开棺救产妇的事至今还在鄂东一带传说呢。

林中见鲮鲤　巴豆治久泻

　　李时珍得到了曼陀罗果实自是欢喜。虽然没有寻得百合，但他并不着急，因为他知道这百合比起曼陀罗来要好找得多。于是与庞宪一起往东返回。由于没去太和山，省下了许多时间，所以也不急于赶路，一路上专拣那偏僻的小路走，希望还能采些药物或发现什么新的玩意儿。

　　说来也凑巧，师徒俩这日来到一片树林处，见有一樵夫模样的人守在一只笼子旁，那笼子里有只小动物在转来转去。李时珍和庞宪俩走近一看，见这小动物一尺多长，全身披着鳞甲，头小嘴尖，从口内不断伸出细长的舌头在树干上舐着蚂蚁吃。

李时珍很有兴趣地看着这小动物吃蚂蚁，对庞宪说："这是鲮鲤，又叫穿山甲，它身上的鳞甲是一味通经下乳、消肿排脓的药物。"接着又转过身去与这樵夫模样的人聊了起来。那人告诉李时珍，这只穿山甲是他的亲戚从广西弄来的，说是要送给他蕲春老家的一位郎中。由于多日来未吃东西，怕它饿坏了，故而抬到此地让它吃蚂蚁。

李时珍听了，心中有些疑惑，便对那人说："我也是蕲春人，不知你亲戚说的那郎中是谁？"那人回答："姓李，叫李时珍。"这时庞宪高兴了，"你说是李时珍？这位就是！他是我的师傅！"那人听了，用目光将李时珍从头到脚打量了一番，问："先生真是李时珍？"李时珍很有礼貌地对他作了个揖，答道："在下正是。因采药路过此地。"那人忙回礼，说道："久闻先生大名，请到家中稍息。"说着就要去抬那笼子。李时珍拦住了他："别忙！别忙！让它再吃一会儿吧！"还问这位樵夫模样的人："它就是这样吃蚂蚁？"那人不解地反问："不这样吃还有别的办法吃吗？"李时珍说："我从书上看到，说它白天爬在河岸上晒太阳，把全部鳞甲张开，装着死了的样子，将一群群的蚂蚁引诱入甲中，然后将鳞甲紧闭，爬入水中，进入水中之后，又将鳞甲张开，这些蚂蚁便都浮上水面，它就在水中捕食。"这樵夫模样的人听了，只是摇头："没见它这样吃蚂蚁。""不信咱试试！"说完便去抬那笼子，让李时珍和庞宪俩人退在身后。

李时珍和庞宪随这人来到了一条江河边，那人把笼子放下，在河边走了几个来回打着手势让李时珍和庞宪过去。李时珍走到他面前之后说："先生请看，这地上有不少蚂蚁吧！"便将那笼子抬过来放在这里。这穿山甲可能是真饿了，在阳光下它依然像在树林里一样，伸出舌头舔食蚂蚁，并不是像李时珍刚才所说的那样躺在地上装死。过了一会儿，这樵夫模样的人又把笼子换了个地方。这地方蚂蚁不多，那只穿山甲在笼子里低着头，东钻钻，西钻钻，来回地走动着觅食蚂蚁，还是没躺下。

待李时珍看了个够以后，那人又把笼子抬入河中，说："咱们再看看它在水中是什么样子。"只见那穿山甲一会儿把全部身子淹入水中，一会儿伸出个头来。不论是淹入水中或伸出头来，都不见它吐出舌头或张大嘴巴寻找食物。李时珍在岸边睁大了眼睛望着它的鳞甲，这鳞甲如在陆地一样，紧紧地裹着它的身躯和整条尾巴。

这樵夫模样的人特别热心，唯恐李时珍不放心，又把笼子从水中抬起，放到岸上，待一会又从岸上放入水中。他们三人看了好几遍，没有见到穿山甲有什么新的花样。李时珍对那人说："辛苦您了，古人经常把想象中的事情写进书中，我看到这段关于穿山甲觅食的描述就有些怀疑，今天可揭开真相了！"接着很爽朗地笑了起来。

那人把李时珍和庞宪请到了家中，樵夫的亲戚一见李时珍非常热情、恭敬地迎了出来，李时珍见到了他，也想起了一段往事。

原来这人家中有一老母，已六十多岁，老是腹泻，已经有五年之久。进食肉类、油物、生冷之品就腹痛。有的医生说是脾胃不和，用调理脾胃的药物；有的则说是中气下陷，用人参、升麻之类升提；有的看她病了这么久，就用止泻的药物。但是这些药服了之后，病情不但不减轻，反而更重。后来请李时珍诊治，李时珍发现这老妇人的脉沉而滑，认为是脾胃久伤，冷积凝滞所致，他记得唐代医家王冰说过：大寒凝内，久则溏泄，反复发作，病情迁延多年的。应该用热药通下，这样就可以使寒去而腹泻止。于是用蜡匮巴豆丸五十丸让她服下，服了之后病人连续两天无大便，这腹泻也就痊愈了。

李时珍记得，为了用巴豆，曾与面前这人费了半天口舌，这人知道巴豆有毒性，是力量很厉害的泻药。所以李时珍要用巴豆来治疗他老母亲的泄泻病时，他顾虑重重，极不放心。李时珍对他讲了这病的根本所在，讲了唐代医家王冰的经验，他还是不愿贸然试用。最后是他的母亲自己作了决定才服了这蜡匮巴豆丸。

病愈以后，这人自然佩服李时珍的卓识，后来在一次谈话中，李时珍得知他经常去南方做买卖，就问他是否见过穿山甲。这人见李时珍对这小动物很感兴趣，便在广西寻觅了一只，准备给李时珍送去，不想两人在此相逢。

李时珍对他赠送的穿山甲再三道谢，又说自己并不是要这穿山甲，只是想弄清它的生活习性。就把书本上如何描写穿山甲吃蚂蚁的情况对他讲了一遍。此人听了以后觉得非常好笑，说："这写书的人想象力够丰富的，要不就是人云亦云，听别人说了就信以为真。""我在南方经常见到穿山甲，它会打洞，有时趴在地上，伸出长长的舌头来引诱蚂蚁这倒是有的，但说它装死，张开鳞甲来引诱蚂蚁这从没见过。"李时珍也笑了起来，很坦率地告诉他写《本草纲目》的事，这人听了，更加鼓励李时珍，对李时珍说："既然这样，我们干脆弄个明白吧！"他建议把这穿山甲杀了，剖开肚子，看看它的内脏。李时珍想，把这穿山甲带回去也没多大意义，便同意了他的建议，并亲自对这穿山甲作了解剖，发现它脏腑俱全，胃特别大，里面有蚂蚁一升左右，他把这些都作了笔记，后来写进了《本草纲目》。

在言谈之间，李时珍又说到了百合，这樵夫模样的人对他说自己年年种百合，都是用鳞茎繁殖的。并告诉他现在秋季正是种百合的时间。现在种了，到春天就会开花。李时珍问他："蚯蚓会不会变成百合？"这樵夫模样的人听了觉得很奇怪，反问道："蚯蚓怎么变百合呢？我这田里蚯蚓很多，如果我不把这百合种下，这田里也不会自己长百合呀！"李时珍说："我想也是，所以总不相信这种说法。我倒想自己种些试试。"那人说："这好办！这好办！种百合并不难。"说着就从屋外取了一袋百合来："这些您就带回去当做种子吧！您到家就该种上了。"李时珍谢过后，让庞宪收了。

李时珍回到家中，先后把百合、曼陀罗种了。

在他的住所旁边，专门开辟着一块种药的场所，这里有薄荷、地黄、石斛、红花、芍药、菊花等。现在又增添了百合和曼陀罗。李时珍在种药过程中，不断对它们的生长情况进行观察，记下了这些药物的形态，这些都成了编写《本草纲目》的宝贵资料。

在《本草纲目》中，我们可以看到这样的记述："百合结实略似马兜铃，其内子亦似之。其瓣种之，如种蒜法。山中者，宿根年年自生。未必尽是蚯蚓化成也。蚯蚓多处，不闻尽有百合，其说恐亦流传耳。"这是他经过考察和栽种百合得出的结论，纠正了百合是蚯蚓变成的错误说法。

还有："曼陀罗生北土，人家亦栽之。春生夏长，独茎直上，高四五尺，生不旁引，绿茎碧叶，叶如茄叶。八月开白花，凡六瓣，状如牵牛花而大。攒花中折，骈叶外包，而朝开夜合。结实圆而有丁拐，中有小子。八月采花，九月采实。"这是多么生动而具体的描绘！不是让没见过曼陀罗的人也有了一个明晰的印象吗？

才学传后人　谬误得纠正

"名师出高徒",此话一点不假,庞宪能成为名医,就因为有李时珍这位老师。庞宪跟随李时珍,不但学到了医术,而且还学到了许多其他方面的知识。而李时珍呢,也是诲人不倦,只要有机会,他就会把书本上没有的东西讲给庞宪听。

有一年的春季,庞宪随李时珍外出采药,上午路过雨湖时,见湖中水草堆附近有许多鱼游来游去,好像是在互相追逐游戏一般。李时珍问庞宪:"这些鱼在干什么呀？"

庞宪虽然自幼以打渔为生，但对鱼的品种及生活特性知道得并不多，对于李时珍提的问题，他只能凭想象去推测："这水草附近有它们爱吃的东西，它们吃饱了就玩吧。"

李时珍听了笑着摇摇头，接着又问："你知道小鱼是怎么生出来的吗？"庞宪说不知道，但又说他在书中读到过，是一个名叫孟洗的人说的，这孟洗说鱼产的卵粘在草上或泥土中，经过一个冬天也不腐坏，到第二年五月或伏天的时候，天一下雨，小鱼就孵化出来了。

李时珍亲切地摸摸庞宪的头："你的记性不错，是的，是有孟洗这样一个人，他是唐朝的一个著名医家，写过《补养方》一本书，后来有人在这书中加了些内容进去，改名为《食疗本草》"。"你刚才说的，是孟洗写在这书中的内容。不过，这是错的。"

李时珍朝湖边走了两步，用手指着那些鱼说：

"这些鱼是在产卵。鱼都是在冬天孕卵,到春末夏初在水草上产卵,雌鱼快要产卵的时候雄鱼在后面紧紧跟随,雌鱼产卵,雄鱼就洒出白色的东西尽在卵上,几天以后鱼卵就能孵化出鱼苗。"庞宪听了,恍然大悟。

李时珍说的一点不错,这鱼是体外受精,雄鱼洒出的白色的东西,就是精液,这精液盖在卵上,成为受精卵,一般在20℃左右的水温中六七天即可孵出幼鱼。

李时珍从这鱼又说到了"勒鱼",这"勒鱼"庞宪还没见过,李时珍就告诉他这种鱼的样子,头小鳞细,腹下有硬刺,头上的骨头合起来就像鹤的嘴,每年四月游到东南海域,渔人就在那时张网捕捞。还有家里养作观赏的金鱼,李时珍告诉他,这金鱼有好多品种,以前书上说金鱼的脑中有金,这是谬传。只是从北宋的时候起,有人看见湖中有赤色鱼鳞的鲫鱼,觉得好看,捞起后就在家中水缸中养起,因这种鲫鱼的鱼鳞是赤色的,所以叫做金鲫。现在人家养着玩的就是这种鱼，它春末产卵在水草上，很容易孵化，小的时候是黑色的，慢慢地变红，或者变白，也有红、白、黑斑互相掺杂的。

有一次，李时珍和庞宪两人走在路上，见路边池塘里的水面上长了不少水生植物，李时珍很认真地对庞宪说："你看，这水面上有不少浮萍吧。可是你要记住，药用的水萍是小浮萍，不是大蘋。陶弘景的《本草经集注》和苏敬的《新修本草》都说是大蘋，这是错的。萍与蘋这两字音虽相近，字却不同"。

李时珍又告诉庞宪怎样区分小浮萍与大蘋："浮萍在各处池塘河泽的静水中很多，三月开始生长，最初是一张叶片，但经过一宿就会长出好几张叶片，叶下有细小的须，这须就是根。有一种叶背、叶面都是绿色的，还有一种叶面是青色，叶背紫红色像血一样的叫紫萍，用紫萍作药最好，在七月采集"。

"蘋就是四叶菜，叶子浮在水面，根却在水底，它的茎比莼菜、荇菜细，叶子大小如指头，叶面青色，叶背紫色，叶上有细致，很像马蹄和草决明的叶子，四片叶子合在一起，中间有个十字，夏秋时开小白花，所以叫做白蘋。"

庞宪听了李时珍的一番讲解，心想："这些学问要不是师傅教我，我从哪里去学呀！""师傅要不是亲自考察，哪能发现前人这么多的错处！""师傅做学问真是踏实、严谨，这蘋与蘋还从字音和字形上研究呢！""我得好好地学呀……"

当然，李时珍教给庞宪的远不止这些动植物方面的知识，还有许多其他方面的。像黄金，他告诉庞宪说："金有山金和沙金二种。如果是七成金，这颜色是青的，八成金是黄的，九成金是紫的，十成金是赤色，这赤色就是足色"。"如果金里面加了银它就比较柔软，划在石块上会留下青色；如果金里面加了铜，它就比较坚硬，划石块的时候会有声音。"

说到石油，庞宪也没见过，李时珍就教他："这石油从石岩中流出，与泉水相杂，流出的时候很多很多，肥如肉汁，黑色像漆，有硫黄、雄黄的气味，可以点灯，灯光很明亮，不能食，烧出来的烟很浓"。

最奇妙的是，他还告诉庞宪，胆矾是铜的精液。这与现代的化学分析相一致，胆矾是由硫酸铜组成的。李时珍在那时就有这样的认识是何等的不易！

李时珍还常常像讲故事一样，讲给庞宪许多有意思的事。譬如有一次他讲起古人的发明，他说，这铜绿可以制造，把铜泡在醋里就长出铜绿。用草木灰淋汁，可以取碱用来洗衣服。这是人工制作醋酸铜和从草木灰中提碱的方法。

庞宪幼时只是捕鱼，并未种过田。李时珍自幼读书，也未种过田。但李时珍似乎对什么都感兴趣，什么都要瞧瞧，什么都要问问，日子一长，他的知识自然多了。他知道萝卜是六月下种，冬掘根；蚕豆八月下种，二月开花；葡萄用压条的方法很容易成活；桃树如果长到五年，应当用刀划破树皮，让它流出一些黏液，可以延长寿命。还有如豆腐的制法、烧酒的制法，阿胶的制法等等。他得空就会一一讲给庞宪听，庞宪有时竟听得目瞪口呆，弄不明白师傅从哪里学来这么多的东西。庞宪也是个勤奋的孩子，李时珍传授给他的知识，他都很认真地记在笔记本上。其实有许多东西，李时珍已写进《本草纲目》了。许多人在读《本草纲目》时，都不禁拍案叫好，"这哪里是本药物书呀！这简直是部百科全书！"

巨著留世上　光芒照人间

　　李时珍从太医院辞职后，经过一段时间的考察，掌握了大量的资料。这时他就全心致力于《本草纲目》的编写。他动员了全家人，抄写的抄写、整理的整理、归类的归类，李时珍则不断地修改，不断地增添新的内容。

　　明万历六年（1578），李时珍的伟大著作《本草纲目》脱稿了。这部书从明嘉靖三十一年（1552）起开始动笔到完稿，前后花了二十七年，在这二十七年中，李时珍翻阅了各种书籍800多种，作了三次全面的修改，访问过药农、樵夫、和尚、走方郎中、渔夫，足迹遍及大江南北，真是耗尽了他毕生的精力，这时李时珍已经是六十一岁的高龄了。

《本草纲目》共收药物1892种，比《证类本草》多了300多种。收方1 100多首，其中有许多方子都是他亲自用过的经验药方，还有插图1 100多幅。全书190多万字。它从其庞大的规模、精细的分类方法、缜密的编排体系、丰富的内容为我国医学史增添了光辉灿烂的一章。

《本草纲目》写成后，李时珍的一家和徒弟庞宪自然十分高兴。但是李时珍又为刻书而忧心忡忡，那时距今有四百多年，没有铅字排印，更无现代化的什么照相激光排版，印书都是先刻在木板或竹子上，刻完后在这上面抹上印墨像盖章一样一张张地印出来。且不说这印的功夫，单说把190多万字一个一个地刻出来，还有1 100多幅图，这要多少人力、物力了，那时没有简体字，这图也不能走样，这费劲不费劲？所以李时珍为此发愁。

明万历七年（1579），李时珍奔走于黄州、武昌等地，希望能够找到个刻书的地方。结果未能如愿。第二年又来到南京，仍然让他失望。这时他想起了江苏太仓的王世员。王世员，字元美，自号凤洲，又号弇州山人。明嘉靖二十六年（1547）中进士，曾当过南京的刑部尚书、湖广按察使，文誉极高，主文坛二十多年。李时珍想，如能得到此人的帮助，或许刻印《本草纲目》有希望，于是带着书稿来到江苏太仓的弇山园，那时是1580年（明万历八年）王世员已经罢官归家，李明珍见到王世员后，不免自我介绍一番，并说明来意。王世员见李时珍相貌不凡，谈吐之间学识渊博，便将《本草纲目》的稿子留下。

这王世员是个文人，并不十分通晓医药，但翻开这《本草纲目》的书稿后，竟被吸引住了，他不但觉得这书稿内容丰富，而且文字精彩，他越读越有滋味，只用了三天时间就把《本草纲目》的书稿看了一遍。

待李时珍来取书稿时，王世员大加称赞，李时珍便请他为《本草纲目》写篇序文，王世员欣然答应。王世员是个有才华之人，略加思索便挥笔疾书，不过一刻序文写好，这序文的意思是：读《本草纲目》就像跨进了洛阳的金谷园一样，里面草木繁盛，果实累累，百花争艳，万紫千红；又像进入了东海龙王的宫殿，有着各种奇珍异宝，琳琅满目，光彩夺人；又好像面对那洁白透亮、莹彻无瑕、银光闪闪的一面明镜，将毫毛、头发都照得清清楚楚，书中内容博而不繁，脉络清晰，重点突出，读此书可知世上一切事物，真是一部极有价值的书，希望能够尽快刻印，让世人共睹。

王世员虽然是个声望很高的人，但这时已经罢官在家，书商们又多以经济收入考虑，尽管王世员为《本草纲目》写了序文，仍旧无人愿意刻印。

经过几次奔波，李时珍受到了挫折，但他并不气馁，他坚信这部《本草纲目》一定能够问世。回家以后，他除了看病之外，稍有空暇便拿书稿不断地修改。

　　有一次，有个病人鼻子流出很稠很臭的黄鼻涕，来找李时珍治疗。这病人对李时珍说："自从得了这种病之后，一阵阵的头痛，整天头脑昏昏沉沉的，什么也记不住。李时珍对他说："这是"鼻渊"，又叫"脑漏"，一定要抓紧治疗，否则就不容易治疗了。这"鼻渊"是中医学中的病名，现在一般都称作鼻炎。李时珍开药时用了辛夷、苍耳子、防风、蔓京子之类的药物，并嘱咐病人不要饮酒。

　　待病人离去后，李时珍又打开书稿，恰恰翻到写着辛夷的那一页。李时珍想起了刚才那个病人，他忽然产生一个问题："脑漏为什么会造成记忆力减退？"他不断地思索，又想到人在考虑问题的时候常会不自主地用手拍拍脑袋，还有人见到大人打小孩时会说："别打他的脑袋，打他的屁股吧！打脑袋会使孩子变笨的。"李时珍想着想着，一种逻辑推理后的结论产生了——脑为元神之府！他把这写在《本草纲目》的辛夷药的下面。

"脑为元神之府"是什么意思呢？就是说脑是精神意识产生聚集的地方。也就是说，人的精神意识、思维活动以及记忆功能等是由脑主管的。这在今天看来已经是老幼皆知的事了，可在李时珍的时代人们并不了解。我国现存最早的一部医学理论著作《黄帝内经》中说："心主神明"，《孟子·告子》篇说："心之官则思"。这都是把人的精神意识活动、思维功能归之于心。这一观点在李时珍之前没有人提出过异议，人云亦云，一直延续了一千多年，可见李时珍能提出这一见解是多么不容易呀！就像地球绕着太阳转一样，现在是人人皆知，而十六世纪之前，西方的"地心说"一直统治了一千多年，都说是太阳绕着地球转，直到波兰的天文学家哥白尼提出了"日心说"才扭转了人们的观点。

岁月如流，这《本草纲目》的书稿完稿后十年还没有刻印。李时珍已进入古稀之年，他常常手抚书稿，独自悲泣。

明万历十七年（1589），李时珍七十二岁，他决心再去南京，要刻印《本草纲目》。建元见父亲已是年老体弱，不让他再次远行，但李时珍为了实现他的夙愿，坚持要去，最后建元陪同，父子俩人来到南京。这一次，在南京结识了刻书家胡承龙，胡承龙看完《本草纲目》书稿非常赏识，愿意刻印。第二年，《本草纲目》开始制版。

明万历二十一年（1593），《本草纲目》即将刻完付印，但李时珍突然谢世，享年七十六岁。可叹时珍一生心血全在《本草纲目》，结果却未亲自见到此书的出版。

在临终前，李时珍仍念念不忘《本草纲目》，特写了遗表，嘱咐次子建元，将此遗表与《本草纲目》一并上呈朝庭。

明万历二十四年（1596），李时珍去世后三年，建元遵照父亲的遗嘱，在当年十一月将遗表及《本草纲目》一书上呈神宗皇帝，御批曰："书留览，礼部知道，钦此。"

《本草纲目》于1593年刊行问世以后，社会反响极大。大家都把它视为家中必藏之书，在医药界更是备受欢迎。第一次刻印以后的六十年中，各地书商不断翻刻，前后共达九次，平均不到六年就翻刻一次，还不能满足社会的需求，并于公元1607年传入日本，引起日本各界人士的注意，许多人竞相传抄，而首次传入日本的金陵版《本草纲目》被奉为"神君御前本"。以后陆续被译成日本、朝鲜、拉丁、英、法、德等文字，在国外引起不少学者的重视。有人说这部书"集十六世纪以前药学之大成，对以后药学的研究与发展创造了条件，奠定了基础，起到承前启后，继往开来的作用。数百年来，无不奉为用药之圭臬，临证之津梁"。这一点都不夸张。

达尔文称赞《本草纲目》是"中国古代的百科全书"。他在阐述进化论的观点时，还引用了《本草纲目》中关于金鱼的一段文字，英国的科学史家李约瑟博士把李时珍与西方文艺复兴时代的科学传人伽利略、凡萨利乌斯并列。

李时珍走了，但这颗博物学家的巨星永远在天空中闪烁着它的光芒。在俄罗斯的莫斯科大学,将李时珍的巨幅画像镶嵌在廊壁上。李约瑟博士在他的著作《中国科学技术史》中写道:"……中国博物学家中'无冕之王'李时珍写的《本草纲目》,至今这部伟大著作依然是研究中国文化中的化学史和其他各门科学史的一个取之不尽的知识源泉。"

原中国科学院院长郭沫若在1956年2月为修建李时珍墓题词:"医中之圣。集中国药学之大成。《本草纲目》乃一八九二种药物说明,广罗博采,曾费三十年之殚精。造福生民,使多少人延年活命!伟哉夫子,将随民族生命永生。"

李时珍永远活在人们心中。

世界五千年科技故事丛书

01. 科学精神光照千秋 ：古希腊科学家的故事
02. 中国领先世界的科技成就
03. 两刃利剑 ：原子能研究的故事
04. 蓝天、碧水、绿地 ：地球环保的故事
05. 遨游太空 ：人类探索太空的故事
06. 现代理论物理大师 ：尼尔斯·玻尔的故事
07. 中国数学史上最光辉的篇章 ：李冶、秦九韶、杨辉、朱世杰的故事
08. 中国近代民族化学工业的拓荒者 ：侯德榜的故事
09. 中国的狄德罗 ：宋应星的故事
10. 真理在烈火中闪光 ：布鲁诺的故事
11. 圆周率计算接力赛 ：祖冲之的故事
12. 宇宙的中心在哪里 ：托勒密与哥白尼的故事
13. 陨落的科学巨星 ：钱三强的故事
14. 魂系中华赤子心 ：钱学森的故事
15. 硝烟弥漫的诗情 ：诺贝尔的故事
16. 现代科学的最高奖赏 ：诺贝尔奖的故事
17. 席卷全球的世纪波 ：计算机研究发展的故事
18. 科学的迷雾 ：外星人与飞碟的故事
19. 中国桥魂 ：茅以升的故事
20. 中国铁路之父 ：詹天佑的故事
21. 智慧之光 ：中国古代四大发明的故事
22. 近代地学及奠基人 ：莱伊尔的故事
23. 中国近代地质学的奠基人 ：翁文灏和丁文江的故事
24. 地质之光 ：李四光的故事
25. 环球航行第一人 ：麦哲伦的故事
26. 洲际航行第一人 ：郑和的故事
27. 魂系祖国好河山 ：徐霞客的故事
28. 鼠疫斗士 ：伍连德的故事
29. 大胆革新的元代医学家 ：朱丹溪的故事
30. 博采众长自成一家 ：叶天士的故事
31. 中国博物学的无冕之王 ：李时珍的故事
32. 华夏神医 ：扁鹊的故事
33. 中华医圣 ：张仲景的故事
34. 圣手能医 ：华佗的故事
35. 原子弹之父 ：罗伯特·奥本海默
36. 奔向极地 ：南北极考察的故事
37. 分子构造的世界 ：高分子发现的故事
38. 点燃化学革命之火 ：氧气发现的故事
39. 窥视宇宙万物的奥秘 ：望远镜、显微镜的故事
40. 征程万里百折不挠 ：玄奘的故事
41. 彗星揭秘第一人 ：哈雷的故事
42. 海陆空的飞跃 ：火车、轮船、汽车、飞机发明的故事
43. 过渡时代的奇人 ：徐寿的故事

世界五千年科技故事丛书

44. 果蝇身上的奥秘：摩尔根的故事
45. 诺贝尔奖坛上的华裔科学家：杨振宁与李政道的故事
46. 氢弹之父——贝采里乌斯
47. 生命，如夏花之绚烂：奥斯特瓦尔德的故事
48. 铃声与狗的进食实验：巴甫洛夫的故事
49. 镭的母亲：居里夫人的故事
50. 科学史上的惨痛教训：瓦维洛夫的故事
51. 门铃又响了：无线电发明的故事
52. 现代中国科学事业的拓荒者：卢嘉锡的故事
53. 天涯海角一点通：电报和电话发明的故事
54. 独领风骚数十年：李比希的故事
55. 东西方文化的产儿：汤川秀树的故事
56. 大自然的改造者：米秋林的故事
57. 东方魔稻：袁隆平的故事
58. 中国近代气象学的奠基人：竺可桢的故事
59. 在沙漠上结出的果实：法布尔的故事
60. 宰相科学家：徐光启的故事
61. 疫影擒魔：科赫的故事
62. 遗传学之父：孟德尔的故事
63. 一贫如洗的科学家：拉马克的故事
64. 血液循环的发现者：哈维的故事
65. 揭开传染病神秘面纱的人：巴斯德的故事
66. 制服怒水泽千秋：李冰的故事
67. 星云学说的主人：康德和拉普拉斯的故事
68. 星辉月映探苍穹：第谷和开普勒的故事
69. 实验科学的奠基人：伽利略的故事
70. 世界发明之王：爱迪生的故事
71. 生物学革命大师：达尔文的故事
72. 禹迹茫茫：中国历代治水的故事
73. 数学发展的世纪之桥：希尔伯特的故事
74. 他架起代数与几何的桥梁：笛卡尔的故事
75. 梦溪园中的科学老人：沈括的故事
76. 窥天地之奥：张衡的故事
77. 控制论之父：诺伯特·维纳的故事
78. 开风气之先的科学大师：莱布尼茨的故事
79. 近代科学的奠基人：罗伯特·波义耳的故事
80. 走进化学的迷宫：门捷列夫的故事
81. 学究天人：郭守敬的故事
82. 攫雷电于九天：富兰克林的故事
83. 华罗庚的故事
84. 独得六项世界第一的科学家：苏颂的故事
85. 传播中国古代科学文明的使者：李约瑟的故事
86. 阿波罗计划：人类探索月球的故事
87. 一位身披袈裟的科学家：僧一行的故事